桐城歷史文化名人年譜系列

錢澄之先生年譜

錢撝禄 撰

錢奕珠 點校

安徽師範大學出

圖書在版編目(CIP)數據

錢澄之先生年譜 / 錢撝祿撰;錢奕珠點校. —蕪湖:
安徽師范大學出版社,2018.1
(桐城歷史文化名人年譜系列)
ISBN 978-7-5676-1311-9

Ⅰ. ①錢… Ⅱ. ①錢… ②錢… Ⅲ. ①錢澄之(1612—1693)—年譜 Ⅳ. ①K825.6

中國版本圖書館CIP數據核字(2015)第030557號

桐城歷史文化名人年譜系列
QIAN CHENGZHI XIANSHENG NIANPU
錢澄之先生年譜　　錢撝祿 撰　錢奕珠 點校

責任編輯:房國貴
裝幀設計:董丹陽　張德寶
出版發行:安徽師範大學出版社
　　　　　蕪湖市九華南路189號安徽師範大學花津校區
網　　址:http://www.ahnupress.com/
發 行 部:0553-3883578　5910327　5910310(傳真)
印　　刷:虎彩印藝股份有限公司
版　　次:2018年1月第1版
　　　　　2018年1月第1次印刷
規　　格:880 mm×1 230 mm　1/32
印　　張:7
字　　數:88千字
書　　號:ISBN 978-7-5676-1311-9
定　　價:49.00元

目録

先公田間府君年譜

據桐城蕭敬孚先生抄校本刊　注釋皆先生手筆

萬曆四十年壬子府君生。祖父先生父諱志立，字爾卓，號鏡水，萬曆間諸生。著有輔仁遺編、菰蘆遯噫、鸞裏春音集、白門缶音集，卒謚敬修先生。年四十六，祖母年四十五，皆垂老，故生而弱多病。生時祖母夢白鶴翔于庭。

癸丑甲寅乙卯府君三四歲時，坐門外聽祖父與人言，歸爲祖母一一述之。少言笑，皆以爲有深心云。

丙辰年府君五歲，是年冬葬曾祖父。府君云祖母教甚嚴，少有過，跪膝前良久乃令起。製布衣分諸子度歲。三伯父幼安幼安名秉鐔，少與先生齊名。滿歲臨貢值世變弃去，族人有譏其年强不仕爲不孝者，賦詩謝之，有『侍中死，晋養父諸葛匡吴亦負兄』之句。竊衣以出，府君歸亦求衣，祖母罰令跪，俟追三伯父衣至藏之始令起。

丁巳，府君六歲。

戊午年七歲。從舅氏龍九達公發蒙，與侄因之同讀。讀論語歸，于祖母前置桌寫孟子，讀詩經最喜葛覃黄鳥之章，如在其時，如見其景。是冬與方氏議婚。

己未年八歲。

庚申年九歲。泰昌元年，冬大雪。

辛酉年十歲。天啓元年春大雪，雪深尺餘。府君是年從龍穀祥舅公。

壬戌年十一歲。春間出痘。是年習對股不能，遂罷。已，忽謂祖母曰：『吾似已通，可以屬文。』祖母問：『何故？』曰：『吾讀左傳皆解，吾爲文，期使人可解而已。』遂爲文。

癸亥年十二歲。行文不喜遵常説，好作新解。其年茗水伯祖卒，有貴人過吊，聞府君能文，索覯，异之。府君原名秉鐙。族叔祖龍山公，嘗指燈命作破題，府君應聲曰：『以一炬之火，并日月之明。』後見子平書有此二語，不知何以暗合，豈即後來語讖耶？

甲子年十三歲。是年穀祥去，從兄浮玉代之。時園中花事爛漫，府君以駢語禁止摘取者。浮玉見之，訝曰：『予豈能教此子耶？』

其冬從大伯父伯玉讀。四川劉耒倩來。是秋其尊人用潛舉賢書。用潛昔從祖父受業此地，既售，故復遣其子至也。是冬府君知爲詩。

乙丑年十四歲。與劉耒倩同事，從二伯讀。心怪二伯所爲帖括其功甚勞苦，府君不樂爲，亦不能爲也。嘗竊入藏書處，得禪師語録，皆能解。冬，祖母謂：『汝且完婚。』大驚，語不倫。已，曰：『且俟入學後議之。』

丙寅年十五歲。是冬完婚。

丁卯年十六歲。春間縣試取第四名。是年二伯父入學，諸伯皆鄉試。府君隨祖父爲白下游，寓清涼寺，有秋夜不寐詩，祖父甚喜。自此後同三伯父讀書。

戊辰年十七歲。里中石屋寺爲文社，是年府君始得與。每文出，中表方瑆羽見之曰：『石屋一會，獨有此子！』同社大怪之，已而名漸起。姑父方伯頳每會覽府君文，必嘆爲不及。是年于村塾中見戊辰京稿，有金正希三十篇，大喜，袖之歸。次年，艾千子乃批選行世。

己巳年十八歲。祖母病，府君私禱之神，願損己壽以延母年。夏六月，祖母歿。冬，葬祖母于宅後麥園。

庚午年十九歲。同三伯讀書先春館，館以老梅得名，三伯慧甚，妙解文義，漸化府君拘謹之習。是秋，南闈墨極甚，府君獨喜陳卧子又施仲翔作，而不善吴駿公。次年吴駿公雖元，終不以爲善也。

辛未年二十歲。府君至皖，見阮霧靈翁，阮霧靈，名自華，字堅之，號澹宇，又號霧靈山人，萬曆戊辰進士，著有霧靈集。大爲稱許。是年秋作海棠賦。

壬申年二十一歲。是年邑人舉中江大社，六皖知名士皆在，府君與三伯與焉。首事者潘次魯、方聖羽也。次魯爲閹黨汝楨子，聖羽則『皖髯』門人。『皖髯』陰爲之主，以薦達名流餌諸士，由是一社皆在其門。『皖髯』與予家世戚，門内人素不以爲嫌。府君鄉居，不習朝事，漫從之入社。會方密之密之名以智，號曼公，后爲僧名宏智，字吴可，號藥地。吴游回，與府君言曰：『吴下社事與朝局表裏，先辨氣類，凡閹黨皆在所擯。吾輩奈何奉爲盟主，曷早自异諸？』因私結數子課文，其中江社期謝不至，諸公既知有异心矣。其冬府彙試，生童俱集，大鉞治酒，大會社友，獨不招府君。既試畢，府君往謁其封君柱麓翁。翁語曰：『子爲誰薦？』府君曰：『未有。』翁曰：『小兒云方仁植按，仁植即方孔炤，以先世連理，祥號仁植，事在明史列傳。己薦子矣。』府君曰：『不知。』揖而出。仁植者，密之父也。己發案，府君第一，大鉞居爲己功。

癸酉年二十二歲。劉用潛爲婺源令，祖父受業門人也，遣迎祖父到任。過皖，大鉞急語之曰：『今年婺源令必入闈，諸昆仲必應中一人，以報師恩，宜儘尺頭長者，且才美不愧。』蓋指府君也。因密傳用關節法，祖父辭曰：『此子年幼，正宜用功，吾生不作僥倖一事，寧敢以誤此子，并纍劉使君耶？』其秋用潛又迎，且曰：『其將入闈，署中須師照管。』祖父力辭不去。已，劉公果入闈。府君兄弟皆不中，人爭惜之。祖父獨喜曰：『幸甚不墮其彀中，即使徑中，不由關節，亦終身爲其口實，得鉗制之矣。』其冬歲考優取第八名。案未發，文宗丁艱，移文到學，照例給賞，有力者禁不行，仍用前案幫補，遂廢此案。

甲戌二十三歲。是秋邑中民變既定，民變事見子遺錄。府君隨祖父游上海，過白門，謁孔玉衡相公。時猶爲南少宗伯也。冬回里，用潛期以明年入署讀書。

乙亥年二十四歲。正月流賊至桐，圍城三日，城上擊死一賊首，解去。四伯、三伯偕府君東下，入上海署。會用潛得罪于郡守，揭于直指，將被論。猶爲閲直指觀風卷，取包爾庚第一，艾憲章第二。包固名士，艾則素無聞者，通邑嘩然。劉公以謂府君，府君曰：『若論文當居包前耳。』劉公亦以爲然。已知爲袁公諱定者代作也。二公皆捷丁丑，文字之有定價如此。已，劉解任，府君仍同諸伯回里，過婁東，謁張西銘先生。

丙子年二十五歲。讀書龍眠山中，左碩人碩人名國柱，字子正，忠毅長子，崇禎己卯副榜，授浙江武康縣。甲申后挂冠。已著有醒園詩。爲主，子直、子直名國棟，晚號眠樵，國變后匿影不出。著有卧薪草、粤游集，私謚和節先生。子忠、子忠名國林，號鶴岩。子厚子厚名國材，忠毅季子，甲申后絶意干禄之學，更名櫟，別號霜鶴，又號越巢。共事。大鋮聞之，謂祖父曰：『聞公家有人與左氏共筆硯，必非公子也。左氏固吾世仇，吾兩家世戚，寧有此乎？』祖父曰：『有之，即吾少子也。彼少年寧知前事？意氣相孚，自爲投契，吾輩亦焉能禁之？』大鋮從此銜恨于府君矣。其秋鄉試罷，乃益爲詩。

丁丑年二十六歲。春，賊大至，合家渡江，避烏落洲；相東鄉有烏落州保。賊退始回。五月復至，再往。是年長子出痘。冬生次子。

戊寅年二十七歲。鍵戸讀書，會方仁植以中丞撫楚，宻之自楚回，邀府君至白門共事。善府君文，欲捐資授梓。閭里中賊警，遽

歸，復移家避舞鸞鄉（今桐東鄉有鸞保。）度歲。寇之往楚，留都出防

亂公揭，以逐大鋮。大鋮謂寇之主謀，而府君適與同事，恨

益甚。

己卯年二十八歲。往白門，館于葉凫仲家，陳百史姻也。是年夢游

萬花谷，花大如斗，府君科頭行吟其間，人以爲瑞，乃心花開

耳。自此拈題會心，落筆如意。其冬歲試卷，自謂必得首。已，

案發，前二名爲有力所占，置之第三，猶第一也。

庚辰年二十九歲。正月入城，留龍眠山中，與三左（三左即子直、子忠、子

厚也，皆忠毅子。）共事。是春補廩。祖父病，府君與諸伯晝夜侍

藥。祖父病中吟詩不輟，猶爲府君說易，今所存易學（田間易學采入

四庫全書中。是也。是年大澇，圩田盡没，喪事悉從遺命，草率以殯。阮大鋮遣祭，其文專以詆府君。府君亦同諸伯往謝，隨作行狀。走白門，請何文端公何文端諱如寵，事在明史列傳。爲墓志銘，三左亦承密之旨，刻桐山彙業，以别氣類。吾邑社事之判自此始。府君爲鳳陽戴功甫相約，以次年至白門。

辛巳年三十歲。春，同左子直東下，到戴館，既以讓子直，與方奕于奕于名纖，號還青，官漢中丞，治尚簡净，暇則率僚佐賦詩，搆半屋署西，吟咏其中。家人曰：得無妨公事乎？公曰：欲使吾爲俗吏不可得也。遂挂冠歸隱楊灣之舊莊。莊有四松，因自號四松居士。同事。三十之辰，同陳同人到清涼寺，祖父舊寓也。登山巔北望，痛哭久之。已，念賊盤踞不去，親喪未葬，中夜不寐，遂辭歸卜葬。諸伯涓日有陰陽家忌，府君曰：『只礙我，不妨也。』遂以十月葬。葬甫畢而流賊至，凡諸殯而未葬者俱被賊焚。府君遂挈家至白門，賃石城門一寡婦家，居甚陋，米炭俱盡，城北友人斂錢以濟。除夕方瞿庵板橋雜記：顧媚，字眉生，又名眉。時人推爲南曲第一家。有眉樓，余常戲之曰：此非眉樓，乃迷樓也。人遂以迷樓稱之。當是時，江南侈靡文酒之宴，座無眉娘不樂，而尤豔顧家厨以故設筵眉樓者無虛口。然豔之者雖多，妬之者亦不少。適浙來一傖父與一詞客爭寵，合江右某孝廉互謀使酒罵座，訟之儀司，誣以盜匿金犀酒器，意在逮辱眉娘也。余時作檄討罪云云。傖父之叔爲南少司馬，見檄斥傖父東歸訟乃解。眉娘甚德，余于桐城方瞿庵堂中顧登場演戲爲余壽，觀此瞿庵之豪華可想。

約流京諸子張戲夜宴，遂達天明，府君有南徙紀事一百韵，孫克咸克咸名臨，號虎公，私謚忠節，事見明史。授之梓，貴池劉伯宗爲之序。

壬午年三十一歲。移居城北，與吴鑒在、鑒在，名德操，號㒟客，諸生。南渡后入閩桂王時，仕至大理丞。劉臣向臣向名漢，與田間同學、同患難，田間爲作劉子傳。著有漱岑稿過江詩。比屋而居，仍踐奕于約，爲三子授經。選過江偶集。府君戇直，諸子推以任事，蓋任怨也。會何文端殁，復社公祭，屬府君爲文，其中略序朝局以及閹黨至今爲害等語，何氏懸堂之正中。大鉞陪吊客于此堂更衣，客必覽此數語，大鉞知爲府君筆，益恨。大司馬范質公、銀臺馮鄴仙下交，誼甚篤。先是家仲馭爲南職方郎，出都時密之以同社諸子相托，府君以衰服不往見。已，職方升文選，府君服闋，始往謁。仲馭留宿署中，談詩、古文，大喜。時已報升廣東鹽道，而仲馭以終養請相邀，不得請，則同入粤讀書。

癸未年三十二歲。仲馭請終養，得允，解任歸，府君送之，握手約東下共事。未幾聞太夫人之訃，因附方瞿庵舟與奕于同入松江，晤夏瑗公先生，卧子闇公因便道過嘉善，兩君入武林。府君遂留仲馭家，得文家爾玉、爾斐、彦林、仲芳、魏子一、子存。仲馭病，廬居咯血，不能讀書，府君遂由武康、湖州至杭州，爲昌化之游。返寓湖上，與奕于、瞿庵、孫克咸、姚繩先（姚繩先名孫森，號珠樹。萬曆間諸生，與方宮詹、葉紫茬輩，爲畫溪六俊。著有可處堂集。）流連詩酒者兩月，與陸麗京昆仲、嚴子餐昆仲、范文白、沈甸華、徐世臣諸子案此所稱，諸子爲張書乘、何納奕、陸驤武、吴錦雯、丁飛濤、柴虎臣諸人，時刻有武林新藝。稱莫逆交。九月，吊嶽墳，有詩傳誦，遍吴越間。九月盡，仍至嘉善，仲馭病起，尋前約。適吴鑒在自閩至，中道奴挈貲去，擬附府君歸。府君因勸仲馭明年并約鑒在同事，願分百金各半，與爲館穀，仲馭許之，遂同返白門。冬，與同選過江詩略。先是，陳默公陳默公，名焯，號滌岑，晚號聱叟。以年少佻巧，諸子不令入社，而方爾止爾止名文，天啓末諸生。國變后更名一耒，字明農，號淮西山人，又號忍冬，不就博士弟子試。著有嵞山集。時以諸父行凌方直之，直之名其義，諸生，孔炤子，私謚孝節。著有時術堂集，西陵雜樂、西陵紀略諸書。每不能堪，默公乃摘爾止詩文疵句，爲小揭以悅直之，爾止聞之，知爲默公也，自武林奔回，單揭直之，語甚狼藉。是時，方仁植以楚撫被逮下獄，密之新第，終日泣血籲冤。事見明史孔炤傳。而阮大鋮在白下，耽耽于方氏。爾止連夜刻揭，揭出即擬送大鋮，直之與默公，未曉叩門，跪求救。值方蘊修大會名士，府君以直之隨造會所，拉爾止于諸公前述其本末，責爾止報復，辭理備暢。爾止語塞，諸君子皆以府君言爲然，眾議毀板不行，禍遂止。有傳至都門者，仁老見之吐舌，知爲默公始禍，以責直之。直之復曰：『此出其人手，其日前于蘊修大會座上，業自認矣，與默公無與。』鑒在赴闈時，臨行，知爾止回，必發難于二子，二子必求救于府君，慎勿以熱腸受謗，二子必相負也。已而果然。

甲申年三十三歲。同鑒在過揚州，下嘉興。仲馭方咯血卧病，聞兩人至，驚喜而起，病亦愈。三人閉戶讀書南園，日課詩一首，分部看廿一史，府君分得晉書。三六九課雜文一篇，見燭始宴飲。一日，相公過南園，曰：『邸報一月不通，京師殆有變。』未數日，果聞三月十九之變，相率痛哭，急勸府君回，致書史大司馬及姜居之掌院，爲早定迎立計。是時，潞藩舟泊無錫，三吴人士皆以桂藩至親而遠，潞藩少疏而近，意在潞而忘有福也。府君挾諸公函至丹陽，路上遇通家劉晉仲自留都來，云已迎立福世子監國，擇十五日即位矣。比至留都，方安人先携子女買舟還里，府君遂寓方君則家，君則名搗謙，號四岩，與姚休那同館何相國如寵家先后十餘年，崇禎壬午舉副車不售，遂以籲邀歲薦，復因母老竟不廷試，優游青山石屋之間，自稱石屋山人。即何相公宅後也。知事已定，遂函諸函。而舊德州雷介公以艱在籍，聞府君至，邀往問三吴人情，略道其狀。介公，居之門人也。因言姜史前亦主此議，馬士英先已有主，移書問兩公。兩公具以此對，馬既得報，即擁福王渡江。又言姜公欲得一同志者辨事，惟兩君自擇。鑒在推府君，因囑宜極密，事恐未成也。而里有二愚生素妒府君，何氏兄弟妄語紿之以史相公登啓事矣，其人急奔祖堂山告之阮大鋮。大鉞既已得氣，暫避迹于此，聞之語仲伯及君則曰：『其爲史公薦授職方，得志后期免予一死可耳。』力辨不信。府君嘆曰：『禍作矣！不及至家，兄爲我善藏妻子，余亡命矣！』仍回至嘉善，具言情事，諸公猶未信。未數日而大鉞出山，大興同文之獄，而府君竟挂名于宗室朱統𫖯之章，以『擁戴疏藩、謀危社稷』爲罪，緹騎四出，家人無處可匿，仲伯乃送之東來。府君變姓名逃吴市，聞家眷至，乃返嘉善，仲馭推南園之小閣居焉。時除夕前數日也。難未發時，客于嘉定幕中，令即錢默，彦林之子也。日閱報，知且不免，求出署，默不可，欲執以獻。賴姜如須與仲馭計脱出，遂改服混迹吴市。遇黄石齋先生舟過閶門，望見識之，招入舟，與談東漢諸君子之過，因言：『錢牧齋畢竟比爾多讀幾年書，學問不同。』府君笑曰：『如此讀書，不如不讀。』先生正色責之，且勸學易以遠害全身，授以所著象正。隨有大行費韞生自留都至，密語曰：『捕君甚急矣，早自爲計。』遂别。是時雖在難中，而製作甚多，仲馭以事入白門，相公留居息園，每讀府君詩一首，輒歎曰：『才子也！』

乙酉年三十四歲。家眷避居南園，府君縱迹往來吴門雲間。而彦林官于留都，致相公書云：『仲馭以匿龍眠中考功法矣。』相公懼。府君復徙城外之蠱兜孫氏宅。會龍門升福建道，府君送至杭州，浙撫張坤菴謂龍門曰：『其在貴鄉，部文到此，行捕已一月矣，不能久捺，幸勸其遠避。』龍門意欲與同往閩中，會遷光禄召回，遂同返在杭。時于湖上舟中聚飲，忽聞堤上有喚府君字者，急出視之，里中何虞吉也。與言里門大索，族長某已被府監，期在必得，宜速遠避。府君仍走吴門，諸同難者咸在，有入高幕，有入劉幕者。劉漁仲劉漁仲，漳浦人。致石齋師詩扇一握，且竄勸入閩，楊維鬥爲畫入鄭氏幕策，未决，仍返嘉善，覓藏家處。而左兵東下，黨禁少弛。未幾北兵至，留都潰，大鋮奔金華，士英奉太后入杭州。杭州人將擁監國，遣陳洪範往請和，到嘉興，高起潛舟師亦至。府君笑曰：『以此請和必不見聽。當乘此兵勢返旆，梟二豎之首，號召三吴東南響應，堅壁以守，然后議和可耳。』洪範曰：『子固欲雪子怨耶？』不半月北兵下，洪範望塵迎降，且爲前驅入杭矣。而吴中猶傳北已議立潞王。錢彦林知府君識洪範，乃賁金帛由劉漁仲以資洪範，欲得舟山參將，其意蓋有爲也。托府君與鑒在往，兩人亦欲借此行覲潞王也。中道見劉使背有『番』字記，問之，云：『非此不得入城。』府君曰：『潞王何在？』曰：『拘于某衙署矣。』府君大驚，勸鑒在返，不信。府君見有嘉善小舟過，遂躍而上，行裝皆不顧，夜至城，云杭已屬北，潞已被拘矣。數日，鑒在踉蹌而返，言閤城剃頭，幾不得出，而嘉善人以府君有先識。貝勒在杭，以書幣聘浙東商周祚、劉宗周，浙西徐石麒及相公四人，府君方在南湖，急棹小舟相迓作報書。府君知之，舟中即援筆爲千餘言，比至，相公迎語其事，府君出書以呈。相公喜曰：『甚佳！毋乃太倨乎？』袖出仲芳一稿，婉弱已甚，欲以兩書酌取用之。府君不可。索徐公書稿，則數千言，倔強幾于怒罵矣。由是三吴鼎沸，爭建義兵，仲馭亦勇躍從事。相國輸金數千，米帛稱是，遣之書曰：『吾世受國恩，義不容己，吾老矣，不能報國，成吾志者子也，子必勉之。』其夜，鑒在夢駱賓王題句其宅，知不吉，諱之。仲馭因同府君入雲間，與陳卧子、徐闇公訂盟而還，以門下洪某爲將，聚兵近千人，日費百金，皆搖船人耳。土人以劉漁仲爲洪範黨，購之甚急，漁仲父子奔彦林，彦林執而駢斬之。府君與鑒在爲請葬其首不答。是時人情叵測，轉眼即成敘機，非擁兵無以自救。以是仲馭譽于婁匾，府君以舟載家從之居焉。未幾城破，義兵盡潰，相公諭解兵，仲馭不可，乃乘舟親來，仲馭先去，囑府君與鑒在守，勿動。軍資甚厚，漂泊于巨湖波浪中，諸將皆有异志。陳卧子亦自松江奔至，府君請以軍實授之，使再舉。卧子猶豫，隔一夕來，而人心變矣。卧子去，諸將盡分其所有以行，府君争之幾爲所殺，獨存十舟耳。府君召其紀綱，悉以授之，扁舟同鑒在至汾湖，繫于王敬哉寓。前數日仲馭來言，往震澤晤熊魚山，知新安兵盛，正希遣人迎魚山往矣。且言震澤安堵，橋上吹簫度曲，不知世間有亂，急宜往尾魚山以行。舟將發，而徐闇公、孫克咸亦載家至，同往震澤。蓋八月十六日也。次日仲馭、鑒在留舟中，府君與闇公、克咸棹小艇往沈聖符宅，尋魚山弟，約同行。中道聞河内發一炮聲，疑之，急返棹，見鑒在血被脚赤，身從水中出，迎府君招手曰：『仲馭死矣！汝家俱沉水，勿用去矣！』府君急奔至舟次，敵方吹角收兵，河内船盡燒毁，死人滿河，見予家船燒存底板耳。遇舟子問之，指水曰：『只在此中。』敵又上岸擊人，遂奔回，與鑒在、闇公、克咸夜投聖符宅。夜大月，闇公忽傳信曰：『賊已去，兄嫂故在其宅。』府君急覓舟奔往尋，見之則闇公夫人也。問之，云被擄上舟過市，爲市人上屋，以瓦擊賊，賊多死，棄舟赴水去，土人留此待贖。又問：『曾見方安人否？』曰：『但見某夫人、某夫人同舟，實未見君夫人也。』已至倪宅，問得長子，先生長子名法祖，字孝則。遂知死難事。事詳安人狀中，方氏事見明史列女傳。次早天微明，冒雨收尸。既得安人尸，即號曰：『仲馭、仲馭，一夜不見汝死矣？我在此收汝尸也！』尸自水中突起，水急甚，順流而下，乃截流至岸，水與岸平，府君挽其發，力盡不能起，又不敢放，命長兄牽府君岸上以留之。待明市人起，府君號曰：『此錢某也！』共挽之乃起，得兩尸，小僮秋煙隨下水，挽其裾不放，遂共出焉。市人皆驚嘆久之。午后收二兄尸，女不知所在，四尸在岸，撫之號泣出血，求觀者共舉至普濟寺。仲馭主僕，自有人收斂送回，獨安人在地，遇大行沈猶龍見之，涕泣，倡衆醵貲斂錢收殯。府君遂留滯市中，克咸、闇公走太湖取道入新安矣。克咸失去一子，闇公子被敘，府君亦爲收尸，覓舟并夫人送回松江。而兵又大至，僅存一僮一婢，僮被敘。府君携子奔柩，奔入村，望門投止，遇舊御史徐公養心，楚人流寓于此，乃屬其主人沈君佐善禮之，一婢質與君佐，得八金。次早，兵復至村，放掠，沈人盡去。府君投一枝庵，庵僧清源勸府君出家。而兵又至，仍奔沈聖符宅，無衹被，聖符夜薦以草，遂出汗，病亦漸愈。而聖符鄉人有自新安帶魚山家信回者，并約府君輩，大兄爲其說所動，堅欲行，遂偕之行。至孝豐，新安已破，乃間道入昌化。昌化固舊游之地也，有門生王曰佐可爲主。值其下鄉，旅店不容。徘徊間，衙役陳明識之曰：『得非其乎？』曰：『然。』語之故，遂以邑令意送舊寓城隍廟暫栖。曰佐聞信，急入城，鑽以衣裝，且邀府君下鄉。而邑令亦欲以其祖墓志見委，遂留居焉。久之署中有新安穆修立出語府君曰：『先生遂留此乎？閩路通，我助先生資，同往。』遂隨穆生行。至淳安福德源，土人楊兵遇之，以爲方兵也，縛去，幾以舋鼓，力辨乃免。至衢州，韋劍威喜曰：『尚在耶？此中相傳已死，可即移與同寓。』府君以穆生資我來，未能却也。次早流寓諸公皆見過，且云關門甚緊，鄭氏恐入關者言彼家事，非有撫院批不得入。因遲疑久之，穆生曰：『請卜之關廟。』府君初過孝豐時，見同行數十人，多挈家輜重，疑有變，同長子開步關廟，甚敝，試乞一讖，示之曰：『扁舟急下浪如雷，保汝平安去復回。』次早辭衆獨先行，后者盡被掠奪殺傷，府君因信之甚固。同穆生問讖，凶不可行，穆生即揮手別去，府君遂留劍威寓中。又數日有徐欽玉者，覓得一批，約劍威，因約府君同行，復問一讖，曰：『黄閣開時延故客，驊騮應得聚康莊。』指府君行也。資斧缺，欽玉時時補之。既過嶺至浦城，買船下閩溪，石勢水道，皆昔年夢中所見也。至水口溪平，夜方舟放行，與同舟閑話，隔船呼曰：『某也。』躍入舟，蓋同宗開少開少，名邦芑，后爲僧，號大錯，鎮江人。與同黨禍者也。因言曰：『君與闇公、鑒在及徐君和被黃閣部疏薦，二徐已補官，鑒在候子同召對也。』次日進闉城，信步遇鑒在叛僕，懇其示鑒在寓，得之，因與同寓。居數日叩閽，爲仲馭請恤，并及三吴死事諸臣，末及方安人殉節狀。奉旨：他已有旨，其妻方氏死節可嘉，該部即與議恤，隨到禮部遞呈。尚書黃錦再三駁問，府君謂似不肯覆疏也，棄之不問。已與鑒在言曰：『吾見入關者紛紛以口舌得官，吾耻之，不願求對，上疏求俟鄉試。』奉有朝廷破格用人，既經輔臣薦舉，吏部即與試用之旨，因赴部候考。時冢宰曾公櫻也，選郎朱公永佑，其族有某者亦名流，爲延平判，以墨敗，語府君曰：『須有講求，今考者多乙榜，資格固在，不然且得雜職。』府君笑曰：『萬死來奔，猶以賄得官乎？』遂考，考題二藝，冢宰大喜，置第一，鑒在第七。過堂時，太宰問入閩故，府君細述本末，太宰召至前與深談久之，蓋异數也。次日榜發，府君得推官，鑒在得知縣，同試方蘊羞得教諭，憤甚。往謁謝太宰，指府君曰：『觀子才固奇士也。吉安推缺，即以相屈，奇男子須爲朝廷任危疆，勿求安樂地。』府君不能辭，因言方生亦奇才，置之散地可惜。太宰問之，知爲方孩未子也，孩未，名震孺，事在明史列傳。又案，孩未仲子惟馨，仕閩兵部司務，大兵南下痛哭疾走南雄，委頓逆旅咯血，卒不知，與蘊修一人或爲二人也。即改縣，隨補瑞昌，而鑒在得長汀。府君即以是冬，隨江撫劉廣胤出，度歲于横塘，次年行。未授官時困甚，鑒在爲邑舊令章君邀去，因導府君往謁。不出，久之乃出，問曰：『君來意欲得官乎？大是難事。』笑談而別，出門贈以一金。既得推，值其郡有缺，鑒在曰：『論資當屬錢某。』隨即見過，有厚贈焉。人情固如此。是時有擬上皇帝書行在，相識者力尼之，乃止，不上。

丙戌年三十五歲。同劉撫軍出閩江，撫無署，暫假虔州道署行事，同入贛，則吉安被圍，萬督弃之去矣。府君不能赴任，劉公留之幕中。吉安破，北兵至贛，府君辭入閩，劉乃以家眷及官票托府君携付其弟客生。舟七艘，中道爲亂兵攔截，從者倉皇欲棄舟去，府君出艙與其首領好語，其將張安也，即往拜張安。張安麾兵退，舟得全。逆流上雩都，客生在焉，聞撫軍與戰敗被獲，相不知路，過小村，爲土人所識，自稱本保銀匠，曾受官恩，夜讓床宿。次早父子舁肩輿渡大水，隨者不能從矣。既至此村，其家聞信，以爲必死，方延僧作佛事招魂，而府君忽至，僧盡驚散去。府君急束裝爲出關之計，隨路義兵截路，幸髮未剃以示之皆放行。至和平里，爲兵主傅克終所留。傅敗，栖大愁嶺，不食鹽半月。由黄土隘出關，自慶曰：『今日亦得離虎穴耶？』至熊村，防關兵以爲亂兵自閩中回者，盡縛之，掠其貲。府君出關時，先令寫舊銜帖，即時謁，且示以髮，百計脱免，投壽昌皈闇然大師出家。闇然命且閲藏，從關内默窺之，曰：『君意中尚有未了一事。』府君曰：『然。亡妻櫬在吴未移回，僅一子散失未得聚耳。』師曰：『若如此，了此兩事再來不遲，且粵東已返正矣，宜急往。』府君遂至新城縣，寓黄氏老翁宅。值郭天才兵出關。是時北兵薄省城外，金王收兵入城，聽其合圍，又調郭兵皆入城，其方略不可解也。九月見有自粵東至者，皆裹幘，始信粵事，遂結伴往。所至之地，皆紀以詩，合閩中作，刻入生還集矣。過贛州，村中遇舊識者，言丙戌秋于贛州二劉舟中遇大兄，始知兄果在粵也。村人言郡中日出打糧，捉鄉民送回，每人三石，三十里內，家無粒儲。府君知其堅壁清野矣。至南雄，于太守座上見鹽軍張公，以所見堅壁清野，知其請降，似爲緩師以待南昌信也。何不以偏師出南康綴之，而以大隊出湖東救南昌？

此路郡縣皆爲我守，義兵如雲，皆可爲前驅也。張公曰：『我以君語語惠國，明早約君來面語之。』次早，張公來曰：『我述君語，笑曰：「彼書生耳，安知兵事？」』出降書見示，曰：『此寧僞耶？』遂別。府君至韶州，遇平湖曹素臣，豪士也。許介字贈以舟，順風而下，至三水，即轉風，逆流而上，一日即抵端州。是時上甫自西來，駐蹕纔數日也。府君抵岸，即令役直持字問二劉去未久，有與役同至者，即大兄也，言貌裝服，居然關中健兒也。相見悲喜，急往謝二劉，不復作仕宦想矣。久之上一疏，述閩中情事，南奔所見民情兵勢事略，似蘇表，行在諸公爭傳誦之。有張鳳翼者，與府君同鄉同年，見之私語曰：『須有所費，可得溫旨。』府君駭曰：『今日尚以賄求官耶？』張曰：『汝外吏也，寧無所携？』府君不答。次日果奉該部知道之旨，府君亦聽之，而隨駕相識者頗多，言諸吏部，授膳部主事。先是至省時，惠國欲補府君廣州推官，府君見馭屬吏猶奴隸也，力辭之乃免。

己丑年三十八歲。是春議行考選，主持者總憲袁特丘、掌垣丁時魁、副憲劉客生，皆舊友也。時魁知府君強項，與彼有异同，乃以資俸爲言。府君在閩時同授推官六人，三人僅存，謝玄琛初授南陵推官，已行取入御史矣。惟府君與瓊州推官汪蛟皆陷没，至是始至，資俸不及。府君曰：『資俸信不及矣。然我髮一日不剃，猶是本朝一日之官，此三年髮，獨不可算三年俸乎？』

皆無語。而劉客生猶欲進汪蛟以瓊州后破數月，實因蛟舉人也。蛟固與府君素厚。府君罵客生曰：『子論資俸乎，資格乎？汝以諸生冒授職方，無故改御史，是何資格？隨以編修兼御史，未二年即以詹事兼副憲，是何資俸？人方以論汝，汝乃以此格我乎？』劉憤甚。汪蛟亦不列名。諸列名者皆邊徼外吏庸陋而已。未幾有棗陽王之封，府君乞爲副使以出。至廣州，刻生還集成。游甚快，不思返矣。會上特重制誥，以詞林無人，須慎其選，詔廷臣各舉所知已仕未仕者，吏部同詹翰彙齊臨軒親試，如唐宋制科法。府君爲留守瞿稼軒所薦，部文催還，以九月还端州，諸公始行考選。既已考定，題授，上微聞當事有私，五日后復與覆試，多所更定，諸公氣乃大沮。臨軒之舉，直遲至十二月始行。事詳臨軒恭紀及臨軒曲小注中。入試時例取詹、翰大臣閱卷，劉與焉，喜曰：『錢某今且爲我門生矣！』私以關節要府君先拜門生。府君笑却謝之曰：『使我即出客生門，亦不敢相認，自是天子門生耳。』遂入試。劉果同召。適外間有竊疏進，言詹、翰皆鬻關節徇私，不可閱卷。上即時遣出，另用兩輔臣。府君試出，知劉之入，不知劉之出也。次早往晤同庵，忽見客生，大驚，因語府君曰：『朝廷待大臣失體，然吾弟亦以交游受累。』府君曰：『君弟亦自取累耳。』發榜夜，同庵招飲，客生扶病出，憊甚曰：『兩輔臣科分深，所取不知何等人，我一片苦心，竟成虛願。』言訖而丁時魁出朝，以取定名姓列示之，劉大愧怍。

庚寅年三十九歲。開館教習詹事，黃奇遇、郭之奇爭爲教習師。郭曰：『我由庶常起家，黃固由外吏考授，豈知館中典例耶？』黃曰：『郭以庶常教習不成，散出部曹，升福建學僉，復以貪敗。南渡時馬士英以中旨起升少詹，寧有是典例耶？』輔臣不能決。會庾關失守，上移蹕扈梧州，山陰師召府君，以十數敕，屬分給諸同館，諭即刻呈稿，諸君從未習此，有勉應者，皆極不合式，不得已盡爲代作，凡十一敕呈進。師喜曰：『皆出足下手耶？字字得體！』即奏上，誥敕奉屬矣。于是以庶吉士承乏誥敕，隨師舟行。是時朝有兩黨：吴貞毓、程源、萬翺、郭之奇、張孝起、李楫爲吴黨；袁彭年、劉湘客、丁時魁、金堡、蒙正發所謂『五虎』者爲楚黨。上舟次德慶，吴黨諸公請對，盡發『五虎』之私，廠衛皆左右之，上震怒，遂逮五人下獄。府君隨師舟，先至梧州，除袁彭年外，四人業已就逮。龍舟且至，府君謂山陰曰：『是不可以不救。五人固力參公者，臨難申救，大臣體也。』師然之。府君從師跪沙濱。師曰：『人少奈何？』府君曰：『且跪下。』岸上諸臣不知所謂，亦隨而跪。上傳問何事，師奏曰：『某等五臣奉旨被逮，請寛恩，多難之時，不宜行此。』復傳曰：『已有旨了。』聽者皆起，府君猶隨師跪。觀者指爲『虎』黨。豈知師爲『虎』所參，府君爲『虎』所扼抑之人哉？五人被逮本末，詳載所知録。睥既駐，吴黨諸公爲政，起用王化澄。化澄固以貪婪爲金堡劾去者也。是時首輔回黄奇遇，亦倉卒相失，而郭之奇從必欲得教習以制府君。化澄累請上諭，俟秋舉行，而化澄遂薦其私，以禮部員外請補編修，管誥敕。府君有申明衙門典例一疏，不得請，恨甚。自是府君與山陰居然『虎』黨矣。會『一隻虎』高必正黨守素入朝，吴黨諸君郊迎犒師四十里外，悉言『五虎』之惡，不赦不止。山陰黨『虎』不去不已，謂之劉『虎』驅嚴。必正至行在，往謁者百餘人，相見所言，無非此事。山陰聞之注籍。必正固劉氏同鄉，劉同庵亦遣人迓之，既至即上同庵舟留飯。府君適輿而過舟，問之知有客即去。高問曰：『誰耶？』劉曰：『舊冬臨軒所取新詞林某人也。』高曰：『來者一會何如？』乃急招府君返。高武人不識字，性開敏妙解情理。時劉客生扶病在坐，袁特丘亦強與席，高不識也。高遂大駡『五虎』壞朝廷大事，己駡山陰，曰：『我入朝所見，無不說此老者。』府君徐曰：『公見過多少人？』高曰：『約近百餘人。』府君曰：『曾見我否？』高曰：『未見。』府君曰：『則老先生所未見者尚多，凡來見公者，皆爲駡此老而來；若我輩不駡此老，不急來見公矣。且此老何事可駡？』高曰：『爲其黨虎。』府君笑指袁與客生曰：『此虎也，虎在此。去年此時無日不參此老。作臨逮之時，此老若下石以報夙怨甚易，此老不去害他，反去救他。據公看，是好人乎，歹人乎？』高悟曰：『君言是也！然被人參論，亦不是全好人，若孔夫子便没人參了。』府君曰：『孔夫子可憐被人參了一生，到齊即被晏子參，到楚即被子西參，伐檀削迹，厄于陳蔡，到處討人憎嫌。』坐間皆笑。高曰：『原來孔子也有人參。』已上御龍舟，促往召對，劉遣人尾之，遇諸公于舟次班房，語聲甚厲，人回言其意色殊變，不聞他語，但聽説『孔夫子有人參』云云。皆笑曰：『風轉矣。』及入對，盡反其説，言『五虎』處治太過，山陰公忠爲國，宜急召出，王化澄不可任也。又語吴黨諸臣，宜化异爲同，不必挾私報怨。吴人大失望。偶然一語中其窾緊，外人不知，山陰亦不知也。已山陰引舟遠去，高黨急追及之，適府君亦至，見高笑曰：『昔聞蕭何追韓信，今是韓信追蕭何矣。』高喜曰：『老先生真會説話。』山陰返，高遂往省金堡，贈以百金不受，以刀瘡良藥傳其杖痕，成相知焉。諸下獄者皆赦死謫戍。金謫金齒衛。金所居一舟，已爲錦衣張鳴鳳牽去，假息于同官蒙正發舟，正發欲去之不得，乃暗賣與通政毛毓祺。府君過其舟，聞舟后有兒銀聲，入見之，問曰：『何爲？』毛云：『我買此舟。』府君正色曰：『公雖買，亦須道隱病癒始可移。』毛云：『我安能待？』府君云：『若不能待，不如勿買，將置此君何地？公豈不爲人口實耶？』毛悟，即毀約。正發大怒，曰：『汝以我物爲人情，汝是好漢，何不買舟以養道隱？』府君曰：『可需幾何？』曰：『一百廿金，毛約固在。』府君急回舟，問司計者僅存此數，悉所有攜付正發。正發大愧，然猶匿橹二枝，曰：『此直十金，在數外也。』其鄙賤如此。正發去，道隱獨栖數日，曰：『以予故，令蒙君無色，予不安。』另買一舟移焉。己高黨再對，府君亦在班末，對者猶以『五虎』爲言。對訖，上問曰：『金堡畢竟是君子，是小人？』三問無對者，遂退。府君次日具疏，言『皇上昨以金堡爲君子小人，三問群臣，諸臣皆「虎」，仇也，未嘗毅然以堡爲小人，則其良心不能全昧，金堡之不爲小人可知。今其身已殘廢，相隨僅一僕夫，墜水以死，金齒衛非人可到，即去徒死于道路，是名爲赦之，實仍殺之也。乞皇上更加寬恩。』疏上，改清浪衛。堡後爲僧，號澹歸。與堡同難者大不悦，以府君爲獨救堡也。自是山陰涉疑難，召府君商之。若滇封之議，一年未決，業爲胡執恭矯詔封秦王，滇知不出朝議，屢使以請，其意必欲得『秦』，上意決不予『秦』。府君謂：『于「秦」字加一字，若「興秦」「定秦」之類，如草創時王號，仿唐制加欽命官銜于上可乎？』公欣然，即以府君議奏聞。會高必正召滇使坐責之，極言本朝無異姓封王之例，此議遂止，而滇即壞矣。一日公語府君曰：『我已爲子請改編修矣。』府君曰：『同改者幾人？』曰：『獨君。』我引推知例爲請。』府君曰：『若然，又增口實。不如以隨駕爲名，適得四人，俱改編修。』命未下，而府君病暑，乃乞堂假三月，往桂林謝稼軒，晤方密之、吴鑒在。山陰亦命堅約密之入朝。府君遂離行在而西。吴人惡府君者，思有以中之。會同里有汪啓齡，無賴小人也。在粤西，鑒在不禮，逢府君大駡，府君爲解免，乃并怒府君。吴人問府君生平款迹，無以對，則曰：『他不過鄉里住的人耳。』府君因自號爲『鄉住翁』。以中秋夜抵桂林，謁謝留守瞿公，晤密之、鑒在。閩變以后始得晤也，而謫戍者亦止于桂林，留守終日燕集，詩酒唱和而已。張司馬同敞聞府君談，以爲迂闊。次日造寓曰：『今日再來聆君迂論。』次日又來與深談，張大喜躍起曰：『君不迂也！』因與訂交。謂已無子，僅老妻已殁，殯于淺土中，隨身者唯平生一卷詩。『吾無纍，此番敵至，必死之。』府君曰：『往時朝廷以封疆付臣子，失者必死；今封疆非朝廷有也，我存一日，即封疆一日存，死則竟失矣。君非懼死，曷從封疆起見？』張曰：『吾往時督陣兵敗，則我下馬堅坐，獨不去，奔者見予止復回，敵亦不敢逼，或以之轉負爲勝。頃嚴關一敗，仍行此法，奔者去不顧矣。人心已散，事不可爲，惟有死耳。』唏噓久之，抽一金簪綰府君髻，以明盡簪之誼；出紵絲一件，以明縞紵之交。指一童名劉勝斌曰：『此吾愛僮也，以贈君，善視之，异日見之，如見予耳。』因與府君偏歷山川之勝，無奇不搜。而道隱寄居茅坪庵，其中表姚孟峽言道隱身有僧帽，搜之果得。事見田間詩集。然道隱亦日與同集留守坐間。時嚴關報疊至，府君以爲言，留守笑曰：『勿憂。我輩今年皆當錦旋耳。松山授我錦囊，每發無不驗，存一囊，題其面曰『庚寅元旦啓之』，四字曰『扶公榮歸』，寧不衣錦歸耶？』府君唯唯，心惡所有錦囊盡于此，又『扶』字不吉，『櫬』亦稱『扶』也。兵信益急，府君辭回行在，過平樂，甯之邀府君同往仙迴洞訪隱。以常熟嚴伯玉爲地主，府君見中有屯田千戶，曰：『不可居也。事變此輩必投誠，吾輩安所逃哉？』遂出，送至昭平而別。至梧，不及行在四十里，同行有舟回曰：『駕行矣。廣州失守，兵大掠，不能行。』乃轉棹仍回粵西，粵西來云：『桂林已失，平樂一帶盡潰矣。』急遽命泊舟上流，兵蔽江而下，蓋曹志建龍虎關潰兵也。府君舟無家眷，同行朱先民御史，以巡方復命，新娶夫人在舟，潰兵紛紛上岸，連發數矢，其在中流者遥相呼應，揮白刃以示之，先民危急。府君語曰：『汝静坐舟中，我邀上我船説之。』密取十二金一封，藏諸袖，兵果先上府君舟，前后搜，問：『何爲？』曰：『尋烟吃。』府君曰：『舟中有烟，我空舟無家眷，不妨請進。』不應。府君察其中有最狡黠者一人，拉之進，密付以金，其人遂呼數人進。府君因曰：『與聯舟者即按院朱老爺船也，有家眷，幸相戒勿上其船。』此人遽起如言，戒飭同伍。因曰：『駕往潯州，朱老爺即追去復命。諸君皆壯士，能護送到潯從駕，即爲護駕兵矣，此功不小，今日相會，大機緣也。』行糧各費，皆取諸朱老爺，于諸君意如何？』皆曰：『善。吾輩業已無主，得從朱老爺護駕，幸甚！』府君即邀先民過舟，兵皆起拜，因與訂盟，約至梧州相候，暫以二十金爲犒資，俟寄家此地，星夜即來，勿先發爽約。皆踴躍而去。是時朱不得府君區畫，幾不免。去后乃舍舟從陸。先民故吏，土人也，導入四圍洞避焉。府君假館于周村曾孝廉汝薦家，舟中輜重盡棄，携生還集板寄其家。未幾，地方猺賊起，先民已趨潯，其家受害。府君移居三家村度歲，聞張瞿死難信，爲詩哭之。頃之，瞿壽民亦携妾至，府君勸其奔桂林收骸骨，送之以詩。而北兵久不至，梧州城空數月。

辛卯年四十歲。春二月，北兵至梧，復自三家村，徙入山，去城少遠，與舊蒼梧令周寒山爲鄰。遇同鄉甘翁尚立甚喜。未幾，曾孝廉字来，言新来梧州道彭𤅙，系同鄉，𥨊之亦在其署數日。𥨊之寄字招府君入城，云来時須僧服耳。又數日馬帥蛟麟，遣官入山，以書幣邀請，合村大震，府君冒雨急避菁林中，寒山不知帥意，重賂差官，幾費百金，亦不能盡償，至今愧焉。尚立欲隨府君歸，從間道往粵東，路遇新選懷集縣典史，肩輿過從，人皆帶刀，相遇詰問，同行人多，語多不合，遂爲典史所拘。到保長家投宿，上坐問姓，答以姓余。笑曰：『恐不姓余，姓錢耳。』府君曰：『姓錢便如何？』典史起曰：『果錢爺耶！』延之上坐曰：『我輩亦天朝人物，時勢至此，不得不然。』因檢囊篋盡攫之以入。府君請曰：『幸放我行，所有悉以相贈，但乞襆被，更得路費數金足矣。』典史許諾，從者三四皆楚人，皆故識府君，知姓錢也。獨一關東劉姓者，猙獰可畏，府君遥見，尚立與細談，言府君爲彭道尊前輩，以書見招不去，昨馬帥遣官相請，又不去，今乃受此阸。典史大驚，遂不放。府君見其色已變，急命大兒携一僕被逸去。因謂典史曰：『我知君不見放，但甘翁同行可放乎？』曰：『可。』府君密語甘翁：『弃君裝，携我裝，中有少資，前途遇我兒，可爲資斧。』甘然之，又不忍弃己裝，并提而出。典史疑之，乃發裝，衣被爛然，從行者皆屬目焉。典史攫以去，而以甘裝付之使行。臨行覓大兄不見，從者四路追尋。府君曰：『不須尋，今早見君色變，已遣入梧州道尊署中矣。』曰：『見道尊何事？』曰：『君得我資不肯放，知君何意？留小兒在彼掛住根耳。』乃與肩輿同行，至前村保長家。擔夫劉姓者，向府君問曰：『君許多好行李，尚有金銀幾何？』府君曰：『銀不多，數百兩耳；金珠頗有。』其實烏有，妄語以搆之耳。劉曰：『盡在篋中耶？此人没天理，帶你来没好心，今早宜逃去。』府君曰：『他不過解我到馬老爺處，我正要去，何必逃？』因問：『汝得金幾何？珠幾顆耶？』劉曰：『他們分許多，我只分得一口刀。』府君曰：『君誤矣！彼楚人弱甚，昨從我者數人，寧不敢與鬭，所畏者足下耳。所有應與足下，乃盡爲彼得耶？』劉憤甚，因曰：『君到底宜逃，此人知君爲彭道親，不肯解上梧，于半路無人處動手，誰人伸冤？』府君曰：『我即要逃，諸君追及之，到好借名動手。』劉曰：『誰來追你？我們不追，他一人能追乎？』府君因與彼三人語，亦以是挑之，三人與劉語同，知可以去矣。乃命從役急飯，府君與典史大嚼，飯畢，催夫倥偬之際，目授從役與逃入深林中。典史猶命地方搜尋。有遇之者告以故，其人轉引入深處藏之。搜至日暮不得，其四人者果不來。遂宿地方家。次早回舊處，不見大兄，乃走梧州。彭君見府君至，急延入。窗之在座，云：『彭君托我作字招子，見否？何以不至？』

府君曰：『不知意指。』密之曰：『師意耳。師意延攬，久知有君，予亦感師之知，己容我爲僧也。』始知前之差官聘請，乃實請耳，寒山誤認，乃爲重費。彭君即欲報師知，府君辭以離家久，思歸切，一見師便不能遠行，懇辭乃止。因以路遇典史事語之。聞府君行后，拘典史至，盡而資裝已化爲烏有，可惜數年著作皆在篋中，付之水火矣。府君遂歸，中道遇大兄，同入粵東。過羊城，看曹素臣。蓋素臣以舟送府君入梧，不及進省城，而家以是被擄，令甫贖回也。袁特丘復入平南幕，聞府君至出晤，自言無面目相見，但狂醉而已。遂出嶺至南安，附舟至吉安，舟阻，更舟至樟樹鎮，行資已盡。念閩中昔有所寄，乃改陸趍許灣逆流入閩。至閩則所寄悉已羽化，乃留寓邵武寶蓮庵。庵僧岑伯吾鄉人也，又問西亦曾住浮山者。同住數月，兄遂受戒于問西，欲出家，府君不可，挾以回。過壽昌，值竺庵中與祖庭相見，談甚洽，府君已僧服矣。因勸府君往廬山，作字萬松坪爲主人，府君曰：『須送兒歸，葬妻畢，始果此願。』臘盡抵江干，府君不願歸，望見家山，指路遣役送歸。俟得報，即附便舟東下，移安人旅櫬回葬耳。大兄抵家，則櫬已爲諸伯父移回，而大嫂故在母家守。事見《海岑文集》。大兄回，舉家甚歡，急遣輿迓回。搜一下是時四伯父若士先一年殁，候于門者二伯湘之、三伯幼安，白髮憔悴，猶著古衣冠也。相持大哭，爲到家詩十二首以紀之。

壬辰年四十一歲。正月大兄入贅方氏，仲春迎回，以家付之。府君
遂下蕪湖，訪諸故人，爲行脚詩，蕪湖故人梓以傳。五月回。是
年大旱。秋有杭州人見訪，不通名姓，府君見之，訝曰：『君何
與姚默仙神酷似？』其人急起拜，乃默仙子姚子誠也。因哭
曰：『先君蒙公與方窑之葬，敬來叩謝。』子誠與金道隱起兵鉼
竄，屢有戰獲，封仁武伯。事敗，其尊人默仙逃諸閩，又至粵，與
道隱不合，乞府君薦諸窑之。窑之方在平西山，講岐黄之術，默
仙素精此道，得之甚喜。未幾默仙卒，窑之葬之爲樹碑，列府君
兩人名。子誠知之，故來謝。
癸巳年四十二歲。初秋下蕪湖，遇湖南人，得同年李我貽信。遇楊

州舊銓部李公，書生也，爲人所紿，談兵如指諸掌。府君策其必敗。又有汪碩德者，僧裝，自稱台石大師，本朝官爵，位極人臣，到蕪送劄派餉。蕪湖流寓徽寧舊道余鵾翔信之，從風而靡者數十人。府君語崑銅諸子：『此妄男子也，言無一實，我固知其脚跟，君慎勿誤入其彀。』其門下人厲刃欲刺府君，府君遂歸。九月難作，捕敉甚衆，崑銅亦被逮，以蹤迹疏幸免。府君在秋浦聞信，遍捕餘黨，已有騎過江捕者，疑台石怪予必見誣害，此公竟慷慨就死，一人不連，而鵾翔諸君子竟同死焉。

甲午年四十三歲。正月，方窰之回往白鹿，白鹿山名。一晤即別，主人不留，亦因撫院請入城，意不測也。彭君自蒼梧移信陽回里，府君入邑謝之。重過龍眠左氏山居，是時左子忠已出仕，子忠，順治乙酉舉人，河間府縣丞。而子直、子厚稱高尚士。碩人自武康解組歸，亦閉門不出矣。夏生塚孫彔、關中杜杜若相邀到樅市，問其同鄉石暎崑客死事，據賓以告。事見集中石公子詩注。其秋復至蕪湖，賀崑銅再生，和其再晬詩。九月到白門，晤無可于竹關。集中有白門過無可師竹關詩。是時甯之已得法于天界，改字無可。閑步雨花臺，遇姚仁武。邀與同寓數日，府君遂歸。而三伯幼安正當彌留，望府君一面，未數日歿。是冬葬方安人于祖塋側，并葬大伯于曾祖塋，三伯與四伯亦合葬于祖塋右，皆同日舉行，以世難方殷，上流警報狎至也。

乙未年四十四歲。在麥園授諸子，及二何生經。集中有夜坐示冰冷怒飛二何生詩，當即此二何生也。何生公度子，皆穎慧，盡變其舊習，皆成名士。是冬無可奔中丞喪，出關成禮，葬畢廬墓，邀府君往注易經。

丙申年四十五歲。春過合明山，合明山在桐東鄉。無可墓廬，其尊公有周易時論，無可欲爲訂正。府君因遍閱其藏本，擇其要言錄成一帙。時論中引據多本諸此，而祖父所注見易，及府君閩中所著火傳，亦因以更進一籌。夏五月邑令石仲昭遣人相迓至城，仲昭爲暎崑兄。暎崑子來，問其父客死處，府君指示之，亦竟不往，但遣役一訪，土人不敢承，役回報以不知所在而已。姚經三、經三名文燮，號羹湖。戴山民、山民名芳，字令及。孫喈公、喈公名中鳳，號水厓。左夏子、夏子名國鼎，號騑楚，侍禦光生子，崇禎末諸生。諸子，留說易。其秋復至白門，寓松風閣，携一小僮，爲主人子誘之逃去。留閣上候張瑤星，久之始至。冬盡獨返新安，余大微相訂次年夏盡至白門，以兩子受業，關書定俸百金。九月次孫晟生。

丁酉年四十六歲。六月附舟東下。其冬度歲長干寺。攜禄以九月生。

戊戌年四十七歲。過元日，即附舟回里。未幾府君遂挈予母子以下，買宅馴象門，野趣蕭然。又與老友胡星卿比鄰，晨夕過從，甚樂也。

己亥年四十八歲。覺浪和尚自杭州回天界。此后凡有以易解呈和尚者，皆令送府君看取，曰：『渠是作家。』其著作喜府君爲朗誦，自是晨夕往還。六月海艘上城，内外戒嚴，乃上牛首。

庚子年四十九歲。元旦後一日，雇與治邀同沈仲連、曾青藜、陳伯璣、楊商賢、梅杓司、方爾止讌集。集中有詩。初四日即掛帆歸，隨入城，留龍眠數月。夏大水。冬初搆『田間』數椽未就。

辛丑年五十歲。將爲天柱司空之游，以避里人稱壽。秋田間草堂成。冬二伯病殁。

壬寅年五十一歲。從弟奏公爲族督。族人分派已久，各自爲祠，奏公蠲本支祠基爲公祠。而本支亦各不同心，乃修五世祖下支譜，考訂淆訛，條貫井然。夏五月蔣氏子事發。初蔣氏子以丁酉冬到予家，次年春府君歸，而見其眉宇猛鷙，同伴皆非馴良，遂令賃居樅陽。其人喜結納，與輕俠兒來往非時，酒后酣歌，鬭技勇，説江湖豪傑事，從之者益多。及是吴越間大搜伏戎，向所往来者多被獲，蔣氏慮禍且至，即欲一夕遁去。府君不可，曰：『若如此，則地方益駭，且待之。』已而獲者死，無一言相及，事遂罷。而蔣氏疑府君意不良，遂大恨，乃盡賣所有，不告而去。而大兄异日之死于盗，皆其結納之流也。八月入城，同人爲刻田間集。刻成，要府君選同社詩。是時有同聲、瑟玉、敦古三社。府君懲向時社事之分争以起禍也，乃曰：『社不合，詩不可選。』

而中有小人，不樂于合，乃多縱蜚語于三社曰：『錢其爲政，其被收，其被削矣。』又有小人陰使人挑之，遂大譟。會吳下明史難作，姚龍垣急持其報以示府君曰：『文字禍烈至此，曷已此舉，以俟异日再圖之。』府君始得辭而歸。有龍眠感懷十二首。

癸卯年五十二歲。春假館石屋寺讀素問，刪定傷寒八法諸書。夏大水。秋同方繡山繡山名若挺，字搢公，以祖墓在邑繡花山，自號繡山老人。繡山有泛舟訪錢飲光詩，云：『五老峰頭頻問訊，相期滿泛一山烟。』或即指此事也。游匡廬，到萬松坪，雨留三日，不得上五老峰，遂下至玉川門，看上三疊泉而返。已至南昌，晤黎博庵、陳士業，遇泉州何紫屏，老友也，相期白門再聚，蓋其姪正宰句容，紫屏將度歲其署中。冬十月歸，水猶未落也。

甲辰年五十三歲。燈節后至白門，候紫屏未至，晤周勿庵于長干寺，始知辛丑之事。海氛靖後，有冒海上將以投誠孔和尚，授總兵虛銜，借名騙害士大夫無所不至。婺源李生即丁酉曾在長干盜金者也。曾過予家，見蔣氏子深相結納，蔣贈以金，因疑其有厚積，至是以獻于孔，以府君爲地主，移文桐城縣，屬府君名下取焉。既差官登舟，其官與勿庵素交金壇于某也，來辭行，勿庵曰何往，具告以故。勿庵大驚，因曰：『予知錢某是誰？即予所向欲執贄于門下之西頑先生也，且已爲都門要人約入都矣，昨過此甫別，予以此回孔君可乎？』于亦大驚，言于孔遂止。當是時非勿庵禍幾不測。猶記左碩人語府君曰：『子昔壬辰冬有大難幸免，子知之乎？皖撫李公一夕發牌到府，稱湖南遣船迓君，仰府差役協同差官前來，府已差定簽押矣，忽調前牌回毀之云妄聽也。此府吏親向予言者，贊君家神旺也。』兩事非常奇禍，府君皆從夢中過，幸矣！幸矣！頃之趙月潭來，傳家牧齋甚相推許，邀往虞山，而紫屏至言牧齋已易簀矣。因相約爲黄山、白岳之游，天暑不能游，遂至新安。因晤沙縣鄧可權，勸入閩，言閩中士人皆尚見念也。紫屏亦欲結伴以行，由祁門下饒州，再過南昌，而士業已即世矣。于李梅公座上，晤九江文燈巖，各致企慕之私，爲府君序廬山游而别。秋盡入閩，夜過壽昌寺，哭其天禪師，遂由邵武下延平。紫屏別府君，留廣文陳昌箕學署者數日，上建寧，主連參軍寓中。連俠士也，痛飲數日。司李姚經三復下省，直季同返延平，謁延平司理慕廬，贈以詩。叶初見意甚冷，既見詩察府君私印有原名其，乃重見顧，謝曰：『不知即先生也。製藝爲吾兄弟誦服久矣！』遂訂交，日相唱和度歲。

乙巳年五十四歲。到順昌、沙縣。沙令傅君登瀛，關東人，甚見禮。游北鄉寨，士民猶炷香以迎。已至永安，龔怡澧州人亦以重客見待。自云：與府君似有夙因，每聞府君至，即公事皆罷。臘月始返建寧。大病，作遺囑托同寓吴延牧延牧名道新，字湯日，號無齋，天啓丁卯□入崇禎末官主事，國事變后歸隱邑東白雲岩，自稱舊山隱者，或稱函云杜多。著有潛德居詩文集。料理後事。

丙午年五十五歲。冬節后，病漸愈欲歸，姚經三留修建寧府志。是時建寧守缺，郡丞程姜若署事，爲主人。舊志頗佳，續修者少冗雜，職官類如郭青螺、李彭山兩司李，皆不入名宦傳，當事請補之。府君曰：『當吏爲兩先生傳。不列諸名宦中，以見名宦傳之不足取信也。』閩中最重者儒戶，朱、黃、直、蔡十數先賢之後，優免甚厚，而有他郡寓籍，亦以其姓請編入儒戶，府君不可，則請諸道將，發下編入。府君曰：『若徇上情，則志非信史。』經三私以謂府君。府君曰：『既以史權屬我，安能復撓我哉？』由是道將及郡人多不悅。府君寧抗當事之指，得罪于數人，不敢紊先賢之裔，得罪于十數夫子也。會新守至，程郡丞入覲，守固質直無文，又以人言不肯繼成其事，志成亦不梓。府君以是冬娶歐寧徐母。

丁未年五十六歲。夏建寧志成送府，府轉送司李姚經三擕回，今猶藏其家。府君亦以是冬擕家返里，居田間。田間本讀書所，曠無牆垣。妒者又造蜚語，侈言閩中之游裝甚壯，以啓盜心。

戊申年五十七歲。六月間生一妹。秋府君渡江游石埭。出門時謂大兄曰：『過秋宜移入大宅。』兄曰：『若移則人果疑室内多藏矣。』田間門側有小書室，大兄乃自移榻其中，以護門戶。盜至，破扉而入，兄罵之，縛兄，進内室，搜財無所得，遂敘大兄。府君聞難奔回，控縣。縣令胡必選諱盜，囑親吏趙子元以齋醮爲名，行賂免報。府君不可，與令忤。初盜未發，門内有與兄口辨者，云：『我能救汝！』又私向老母問府君所藏，母不應。未數日而有此難。及捕役下鄉，緝獲數人，其家恐事且株連，乃造蜚語誣臟死者，以『不死于書室，而死于内室也』爲辭。捕役得之，以聞于令，而陰以教盜具如蜚語則免。令大喜，于是盡釋盜不問，而專問死者之罪，破棺驗傷，慘毒倍至。當是時門内人盡知其本末。府君身老，諸孫稺弱，慮其復肆害也，吞聲飲泣。是冬往來郡邑度歲，皖中交游有氣力者，未有以一語相助也。傷哉！有

傷心詩二十首。

己酉年五十八歲。邑果以蜚語雜□□詳上，督、撫、臬皆知是盜也，嚴駁下。郡守趙有清望，其親信吏王洪甫，竊權要賄，守遂主調停之說，私謂府君：『子已死，非令殺，何必以此害令？』府君曰：『子仇不可以不報，盜不可以不獲。』至于誣衊之語，明系搪塞，盜既殺人，其語何所不至？豈有令不究盜而反據盜語以問失主罪者耶？』守亦語塞。府君知郡縣一氣，乃走省上控督。而有言六兄孝章之奴在其中者，孝章慮禍之及己，亦東下相隨。令知府君在省，遣其吏趙某以他事過府君，要府君回；而諸侄在家者，亦亟止府君控，控則累及孝章。府君不得已，遂止，以五月返郡。令既無所畏于上，乃以六千金賄佟國禎守爲居閒。臬與守向持正論，令忿反其詞，庇令以緩盜矣。審時府君忿辨，國禎辭窮震怒，亦不能加害，府君既慾報子雠，又妨姪禍苦，所獲盜既縱其二矣，有二盜自招劫敘，不能復縱，乃斃之獄中以滅口，孝章奴其一也。未幾，守夢冥官以筆點其舌，舌腫二日而死。皖中皆言其翻舌之報。守死后，王洪甫贓私大敗，卒被收拷，窮困以死，絕嗣。盜死者三人，惟盜魁未獲，則門內人夢非奴也。

庚戌年五十九歲。資力疲竭，不能伸冤，胥吏輩請作疑獄，放府君歸。而魏子存適爲湖廣學道，以書見招，府君遂舍之而去。而督駁之不已，稱貸以重賄之乃止。

辛亥年六十歲。買市宅于永利寺在樅陽巷口，宅甚敝，改建爲北山樓也。又贖西田莊十畝。四月附舟東下，晤子存于廬居，別武塘二十七年矣。哭仲馭墓，有文過南園感懷四首，老友存者，爾斐、仲芳、亭彦、文讓數人耳。寓慈雲寺，東房卧病，有詩百首。子存梓之。九月歸坐北山樓，不下者數月，田間易學以成。仲冬曾孫德施生。

壬子年六十一歲。將北上，以四月至武塘，寓子存涉園。子存與同入松江，哭徐復庵，感念陳卧子、夏瑗公諸君子。與家祼翁期先後發，既返，子存爲措路費，府君遂行。過嘉興，曹秋岳邀問天末事，以信其傳聞。過蘇州，別姜如農父子，晤魏凝叔，諫其文宜慎重，不宜輕，爲人作志傳。取道江陰，謁龔令雲石，舊永安令也。雲石留修江陰志，府君以乙酉秋江陰死難者忠節宜紀，紀則犯當時之諱，不紀則無以慰忠魂，力辭而去。到揚州，從王家營取道泰安州，望泰山不得上，悵然賦詩。以冬初抵都門，寓增壽寺，老友則王敬哉父子、嚴灝亭也。隨投宗伯龔孝升，并其幕中紀伯紫、徐方虎刺，孝升夜讀府君詩喜曰：『安得此君來相唱和乎？』伯紫曰：『來矣。昨有刺投我，豈有不投公者乎？必門上不傳也。』急查之門簿不登，而刺故在。蓋白蓼穊阻之也。數日后公子伯通忽過寓寺，傳宗伯意，請至榻前。蓼穊大驚，府君知其將來必肆謗也，酒間假諧謔而斥其短，蓋用温太真製錢鳳法也，自此謗遂不行。是秊府君度歲增壽寺，交游應酬，頗不寂寞。舊掌垣孫北海承澤，托嚴灝亭致意，一見如舊録易學藏諸家。新人則徐氏昆仲、周伯衡，周致魏環溪意，府君以其要津，又非素交，終不往。此外如葉子吉、黄伯和、董方南、程蕉鹿、朱鶴門，布衣則陸翼王、朱錫鬯、嚴蓀友、孫豹人，老友顧寧人，時與聚首。留京師年餘，擯去李漁，漁爲宗伯致屏，屏皆閨秀詩。府君以大義責之，即斥去。仍勸宗伯乞休，與談遯卦三爻爲系遁，有疾憊，畜臣妾則吉，此固欲遁者系焉，爲臣妾系也。臣妾豈樂主人之遁哉？系也者，于己則疾憊，于臣妾則吉。『公之事，豈不猶是乎？』公起曰：『是也。君爲我起草。』草畢，繕寫以上。次日，賫奏者至，銀臺官已去，不得上而返。次日謂府君曰：『兒子伯通傾言乞休旨早下，則索負者午集門矣，且何以束裝？』府君曰：『公通籍四十年，官京師二十年，位至上卿，貧不能束裝，叫負者闌路，此千古佳話也。』公首肯曰：『是也。』乃諭賫本者必達，毋再返。本遂上。未旬日，宗伯死，白竟出游去，不俟送宗伯喪出城也。是時伯紫亦先回，都人亦以此短之。其送喪出城，布衣張愚山及府君兩人而已。府君生平不肯没人善，亦不能諱人惡，不欲匿己所長，亦不掩其所短。生平行事，與世共見，無嫉妬心，亦不肯攀附人，于今時富貴泊如也。

附録

先公田間府君年譜續編

錢奕珠 撰

癸丑年六十二歲。在京師。改歲後，與張英過從宴飲。上元日，登白塔寺望故宮，傷痛故國之傾滅；又登煤山憑弔崇禎帝，悲哀之際甚是感憤當年之阻南遷。故國情懷，蕩漾難抑。癸丑上元登白塔寺：『舉目故宮渾未改，傷心一倍黍離哀。』煤山：『廷爭未必南遷謬，駕出猶聞夜阻還。滄海日沉長此暗，青天龍去有誰攀。即今御苑傷心地，草漬啼鵑舊血斑。』與孫承澤、朱彝尊等學者文人相往還，舊友新交間多有唱酬。中秋之後，大病。有病中呈孫北海先生病起哭龔宗伯八章等詩。友人徐原一徐原一，即徐乾學，居昆山，祖籍安徽歙縣，字原一，號健庵，康熙九年探花，授編修。康熙十一年，任順天鄉試副主考官，後升左贊善。弟徐元文、徐秉義都是進士，時稱『昆山三徐』，三人都與先生交厚。前來探望幷告别，甚爲感念。病中蒙徐原一太史顧我榻前言别，伏枕有作送其南還：『人生相知不在久，徐子一見爲吾友。兹晨我病子南歸，直到床前握我手。』羈旅京城，胸次極是復雜悲凄。與故交同志唱咏間，心境畢露。燕臺送别稽田還里：『亡命互憐雙鬢在，破巢敢忘一枝安。衰年故舊分携苦，晚歲行藏自信難。我有長歌歌不得，恐題往事重悲酸。』

甲寅年六十三歲。入京三年，諸事已了，思鄉不置，遂于暮春時，離都南還。甲寅元旦：『兩度逢元旦，三年客帝京。應酬當事廢，慶拜故鄉情。』與余鴻期經天津，渡河到汴梁，抵鞏縣杜甫故里；已，復入洛。欲得資刊刻著作。寄懷都門六首之一：『青箱堂上別筵開，大小尚書共把杯。經學家傳憐一得，詞壇世擅賞微才。夢回東閣留賓住，身悔中州入幕來。已約繁臺秋後出，故人書札莫先裁。』王敬哉、胥廷尚書喬梓許致書中州當事，爲刻易學諸書。秋，由蕪湖乘小船浮江抵樅陽，登射蛟臺、舊居北山樓。徑訪白鹿山莊，過有懷便足樓有作。與劉超宗有大龍卜鄰之約，有詩記之。冬，返回江村麥園。

乙卯年六十四歲。春間復北上，過浮山，哭摯友同志方以智墓。乙卯春將入中州過浮山哭無公墓：『荒墳無路少人行，宿草三年淚始傾。慚愧一乘輸老友，凄凉六闋盡平生。報親空有遠山夢，傍隴聊存繞膝情。時事正棼身遽死，九原可用更逃名。』自合肥至懷遠、宿州，經永城、歸德，入汴梁，又至開州、邯鄲。有自合肥至懷遠連日陰雨泥濘驢背雜述自遣、出永城往歸德道上、由宋入汴驢上作諸詩。在梁與舊友彭然石、韓子新、葉元禮等頗多接觸往還。入梁喜晤然石邵村，即和然石聞飲光至枕上漫成原韵：『客路孤吟盡一春，入梁何意遇交親。尊前遺騎情殊切，枕上詩成喜是真。南國凄凉餘二字，東京憑弔有三人。青衫漫染蒼梧淚，眼際烽塵已又新。』同韓子新葉元禮游鐵塔寺：『梁園攬勝遍荒丘，古寺歸存借馬游。塔始出沙僧巧護，碑將鏟子客央留。信陵廟付兵人鎖，烈女祠容將帥羞。我眺浮圖窗一面，難舒雙眼望神州。』與仕清漢官交往，話語今昔，有勸化之意。沈水門移尊就別述懷：『容病容高枕，官閑數叩扉。行藏同失路，吾道豈全非？』過沙河承劉杜三明府移尊就榻話舊感賦：『吾道是非同坎坷，先朝耆舊漸消磨……高車顧客留城外，永夜論心就榻前。吾廢不妨歸閉戶，憐君只影倍凄然。』入永城，過沙河，達邯鄲。夏日不慎墜馬，卧疾南宮，有枕上口占五首以紀。繼又抱病邯鄲。秋，離大梁南歸。發大梁留別友人：『游人久卧大梁城，晨夕過存老友情。榻畔逢迎忘禮法，尊前傾倒見平生。他鄉最苦逢秋別，晚節還嗟抱病行。已約明春江口過，射蛟台下問柴荊。』深秋，回里。冬，開始著述田間詩學。

丙辰年六十五歲。身體欠佳，未出遠游。此年僅有詩十首，多爲日常起居之記。這是多年以來少見之現象，不合其習性。推測所以，或因不便記叙，或爲心境惡劣不佳所致，四友詩以竹杖、眼鏡、藥酒、脚爐爲友，其實正反映了先生心境之孤凄。詩挽陳朗生，又爲其作傳。

丁巳年六十六歲。至吴門訪曾燦，隨後至震澤、昆山等地，與舊友游山水間。時徐乾學母喪歸家守孝，往吊并同游靈岩山。重過震澤，觸感傷痛，作過震澤口號紀哀：『忠臣烈婦沉尸地，望見津梁早斷腸。老友情知催棹過，恐經遺迹益悲傷。遺迹經過看不得，恰逢急雨閉蓬窗。當時市井誰相念，記得還金潘小江。也是秋深八月天，五更冒雨此堤邊。相隨泣血呱呱子，慘死家園又十年。難餘去住與誰謀，夢裏還勞死者憂。塔寺寄奴重被敘，至今一婢八都留。』秋至杭州，會魏子存并武林諸舊友。作重過湖上述懷、嚴方貽招飲集武林諸老友、靈隱宿緑天僧閣同魏子存作等詩。哭徐孝先，爲老友傷悲。雲間懷念瞿壽明而寄詩，傷憤中却不絶希望，有『寄語虞山霜後樹，好留殘葉賦新詩』句與勉。

戊午年六十七歲。是年居里，未出遠游。亦僅留詩戊午暮春懷盧有作、過龍泉庵、過龍山龍氏外家等十餘首。冬，有雪夜寄方有懷詩：『雪裏閑門早，遙憐白鹿莊。山昏增嶺勢，澤凍認湖光。臘酒深房窨，遺書複壁藏。把來同過夜，一卷一呼觴。』

己未年六十八歲。暮春出游，應徐乾學之約，至昆山與談易理。其間來往客居昆山、吴中、常熟等處。在昆山與徐乾學、徐元文并雲間諸子游九峰并作長詩以記。過常熟瞿氏春暉園、錢氏拂水山莊，訪錢曾。半塘寺晤僧淡歸。四月，于吴門遇張穆之。六月，過白門，訪胡星卿于馴象門內竹園中。七夕，同祝子堅、吴修齡、徐崧之、徐乾學等集徐秉義宅話別。

庚申年六十九歲。閏八月，過貴池，值湖水大漲。與王我建挾絲竹，沿堤而進，爲齊山之游。望小昆山哭悼夏允彝：『泖湖碧映小昆山，牛屋三家住此間。亂日占烽頻造榻，深宵炳燭自開關。同時報國心偏苦，决志沈淵意轉閑。此事讓君成獨往，可憐令子更追攀。』見虞山瞿氏春暉圖而感懷，有詩句『回首桂林酬倡日，夢魂常到粤山西。』故國往事，情思難了。五月五日，游九子峰，有詩記之。閏八月作齊山游，有齊山游小紀，記述村間湖光山色及趣聞：『庚申秋閏八月，過貴池，湖水大漲。金寶王廣文以小舟載客，挾絲竹，沿堤而進，爲齊山之游。山徑荒頹，道茀不可行。携酒望江亭，亭壞不敢坐。復移具山下酒店前，依柳陰，臨流布席。有村童拏舟至，余坐逼水，遂系舟余坐下，余笑謂曰：「舟系不妨，恐日色逼，坐且徙，汝舟能從之徙乎？」乃微笑，解維去。坐定，觀者環集，凡村郭往還者，皆于此修渡。天暑，人氣不可當。麾之不去，余曰：「惟一曲吴歈足以散之。」于是，羣客奏伎，有日生按節而歌，歌聲起，聽者皆默然遠去，乃縱飲夔歌。柳陰漸移，興不已，罷酒，携樂器前至一佛廟門前，掃地而坐，更作十翻奏。繁聲促節，土人過其前皆如不聞，或駐足，一側耳輒掉臂而去。有二樵子馳薪階下，擁柱聽良久，樂將闋乃去。客笑曰：「今日作樂，僅得此兩人知音。」樵曰：「吾以待渡也。」皆大笑而散。』下半年出吴中經孔城回鄉。心注己之學術之傳，祈友人濟刻詩學、易學二書。與江磊齋書曰：『別後了得詩學一書，吴會間已有抄本，未知流傳在何時耳……明年七十矣，後會知復何時？老年翁非薄待我者，必有以濟我之困而娱我之老也。翹首西望，伏惟留意萬一。』

辛酉年七十歲。春末乘舟出游至江右。會魏子存諸友，客天寧寺。四月溯江而上，至樟樹鎮值初度日，感懷不已，作樟樹鎮舟中七十初度：『壽昌橋下生還日，燕子磯前花甲年。』此日停舟樟樹鎮，托人爲買上灘船。』又至豐城。五月，與曹起谿相晤于清江慧力寺，因詩以記。贈曹起鷁：『鄂渚別來十二載，萍蹤又聚瑞筠山……君才六十吾七十，五嶽游回正好閑。』欲訪舊交吴茂生未果。不久，沿江而下歸里。夏，于吴天況疊翠樓講易四十餘日，聽講者有吴天況、吴天駟、吴天驤、左峙匡、尹未生、孫幼朋、童方平、錢扶升、錢卧南諸人。并重加修訂田間易學。此年底至次年初，田間詩學經七易稿而初成。仲秋客吴中遇鄉友左國棅，欣喜暮年作伴。有『共慶暮年能作客，莫將兒女自添愁。』詩句。旅中，曾兩次被地方巡捕抓押，均獲放行。

壬戌年七十一歲。仲春，入城，鄧樸庵招集小聚。五六月間，歷經五年艱辛，西田莊構築始成，移居，頗是欣慰，作西田莊記，詳叙建屋贖田的經過，并以農耕勸誡子孫：『吾江上舊廬，聚居百餘年矣，子姓蕃衍，居不能容。辛丑（1661年）冬，構田間別業于先人墓前，才能容膝。戊申（1668年）冬遇盜，喪予長子，遂棄去，徙居樅陽市上，創北山樓栖焉。久之，不樂市居，令亦敗，盜少衰止，思還舊廬。食指益繁，廬益隘，田間別業已爲僧舍很久矣，子孫皆有家室男女，爭圖爲久安之計，不得已，卜築近莊。莊在田間之西，廢田數畝爲之，故名爲西田莊……吾所望于子孫者讀書課耕而已。讀書吾家世業，雖極貴不宜輒廢。子孫貧而廢書，必居下流，勢所至也。吾非有世俗之見，望汝讀書，以科舉成名圖富貴也，但能明白義理，通古今之時勢，傳吾之經學，以不愧爲田間子孫足矣。古者取士于農，凡力田者皆髦士也……且勞固可習筋力，習之既久，雖弱者亦强……治日少，亂日多，一遇饑歲，惟耕足以自給。』有書寄張英，祈助刻田間詩學等著述。與張敦複：『都門惜别，遂已九年。台兄名德日增，而弟生趣日减，戢影江村，應酬都廢……弟今年七十一矣……餘年寂寂，惟著述不廢。向來易學，已爲老友遺矣，頃更加删定。吴中當事索付剞劂，恐又屬空言耳。詩學亦費八年苦心，五易稿矣。尊小序，不悖朱傳，兩家各有謬處，僭爲正之。間有發前人所未發者，安得就教高明，爲之點訂也？惟台兄篤志此事，故敢請耳。』冬，貴池陳中美來訪。

癸亥年七十二歲。春社日，同陳官儀、鄭超宗等集方有懷白鹿山莊，後二日，同往大龍灣看杏花，作大龍灣看杏花記：『……到石塘嘴，越小岡，望見新柳修竹中，往往有垣宇稍壯，則所爲杏花村是也。自石塘嘴以西，益近郡（安慶），郡幕府將吏二千石以下，于花時輒游獵其地，因張飲花下。惟時官已過，超宗挈壺榼欲就其處飲，以此地寬平，足容數十席，有杏花十數株羅列環繞，皆合抱，古于他村者。居人言「他村苦官來車騎雜沓，皆斧作薪炭久矣；唯此地每設供帳，官所熟見，不敢去耳。」又言「官來時，獵戶先期逐獸匿山谷閒，以待搏射；漁家多買巨魚畜艇尾，俟官來舉網以獻。今年幕府公出，不及來，省費已多，唯二千石于此燕客，人吏驛騷耳。」又隨玫士、有懷等往尋白鹿山洞。』并作白鹿山洞小紀。復游吴至越。中途至揚州訪晤江辰初。與嚴方貽、與王子喜的書信中一再提及田間詩學，盼望早日能夠授梓付印。

甲子年七十三歲。仲春，至白門，希望會見胡星卿，此時胡星卿已殁，以詩祭哭。夏，晤陸冰修于邗溝。至吴，訪弘濟寺僧蒲庵，游虎丘。過城南曾燦寓居，留榻數夕。于曾青藜坐上獲接顧嗣立，與論詩，甚洽。又于顧氏依園秀野堂同杜濬、吴六益、劉衡調等酬唱。其間又同徐秉義等往還酬作。隨由松江至上海，同張洮侯、張漢度、董蒼水、孫愷似等游，復由無錫返里。在松江，遙爲昔日同志易堂諸子之一的曾燦祝壽。作甲子夏六月客松江祝曾青藜吳門六十初度，有『同時慷慨談兵者，自我以外誰在哉？』之歎。闊別五十一年，重游上海，不勝感歎滄桑：『江城往事不堪思，小院幽栖又一時。來去只由黃歇浦，游觀莫問赤烏碑。』冬，歸家，守歲西田莊。除夕度歲，慨然以遺民自豪：雪擁雙扉度歲新，身爲萬曆老遺民。故國情志，老而彌堅。此年底，冬春之交，開始莊屈合詁的著述，歷一年而成。

乙丑年七十四歲。元旦作詩：『詩文刪罷閑無事，更注離騷訂七篇。』此時已在着手莊屈合詁的修訂。也關念詩集文稿的傳世，與任克家祈求資助，鈔藏生平所著。書云：『即今年七十四矣，游興已倦，衰殘困頓，不堪爲知己道。江村閉戶，刪定生平，未刻詩文，遂盈數尺，授梓無期，但得傭書人，資其筆墨饔飧，抄一清本，藏之秘笈，足矣。然即此亦無力能辦。台兄其有意存之否？』送別張英。秋由秋浦至楚北。

丙寅年七十五歲。春日，于樅江爲李屺瞻作貞靖祠前白松歌，長三十二句。初夏，忽有浮山之興。至華嚴寺訪住持山足。同李振裕、程松皋等酬作。闊別多年，重上浮山。詩贈山足禪師。『浮山山下華嚴寺，憶我游經六十年。別此山五十餘年矣。接踵上梯猶子侍，舍侄隙祥同游。攜筇探勝老僧先。傍崖佛殿巖垂溜，隔嶺僧炊洞泄煙。看遍名山輸小巧，獨教詩句半窗傳。雷鯉號半窗，有詩。』又作重修浮山華嚴寺碑記：『天啓壬戌年，予時十一歲，從所親上浮山，曾到華嚴寺。……後十三年甲戌，再過浮山，與友人久坐卧于會聖岩前石廊下者半日，未嘗到華嚴寺。嗣是以後，予足迹半東南，去浮山五十里而近，曾不一至其地，甚可笑也……山公，吾所舊識，今夏，欣然往訪之，抵山下，隔溪望見岩石然，其下林木薈蔚，仿佛識寺所在。及尋徑到門，則惘然自失，無復舊，觀蓋不至者六十五年矣……水部爲宮諭公從子。山公，青原高坐。而青原，于世俗固宮諭公外孫也。寺以青華嚴得名。青禪師固大陽所寄，直裰皮屨，托遠録公爲求以續洞宗者。浪杖人洞宗嫡傳，青原爲之法嗣。世出世間淵源一脉，青原辭世，以青原上坐代領之，固其所也。吾謂是舉有三善焉：其能興復祖庭，一也；使知兹山爲千年之道場，而俗人不得爲之主，二也；溯其肇始，蓋曹洞之祖庭，諸方未有源流者不得竄入，三也。山公屬予記之。予時年七十五矣，因綜先後見聞所及知者，述其概而爲之記。』秋雨渡江，訪趙心遠。過建德，寓孔相國舍，感懷昔誼。又沿江至漢陽，先後晤張壽民、龔千穀、何蔚宗等。于開遠堂與何蔚宗共度歲。作開遠堂除夕和何蔚宗韵：『同是天涯客，偏予物外身。詩篇遵罰例，賓主盡詞人。酒量衰年恕，鄉情異地親。歲除何足惜，且喜又新春。』是年，爲著作付梓事先後寫信給徐方虎、汪辰初、張壽民、錢紹隆等故友，託付易學、詩學和莊屈合詁等書的校訂授梓事宜。與徐方虎：『弟于去冬窮愁之中，又了得莊屈合詁一書，此書屬稿數年，今始卒業，自謂無複疑義……弟今年七十五矣，將更何俟耶？惟留萬萬！』寄汪辰初信中感歎家庭負擔和生計艱苦：『弟今年七十五，齒發益衰，心血全枯，但意興猶在耳。生計困頓，其貧不減年兄，加以兒孫軟弱，合門三十餘口，嗷嗷待哺于老夫，未能忘情，置之不問，牛馬債何時始了？言之慨歎。』

丁卯年七十六歲。正月，應友人龔千穀之邀，入楚，同爲湖南之游。撰湖南游紀略：『合肥龔千穀爲湖廣驛傳使者，招余入楚，

丁卯正月，與余同爲湖南之游。余意在攬岳陽之勝，歷洞庭之

險，登嶽麓道林寺，和少陵詩，以補吾集中詩題所未備。而附載官舟，往來皆禦順風，勝者略領其勝，險者不見所爲險也，有詩二十餘首紀事。游嶽麓，上禹碑亭，亭踞中峰之巔，有雲麓宮埒峙其右。余以七十六翁，鼓勇杖策，直造其巔，而嶽麓寺及書院則且再至。初游有詩四首，後同千穀載酒以往，爲文以紀其事，勒石陷壁間。上嶽麓寺，老僧彌嵩開竹閒房，設茗果，指隔江十年前戰壘所在，談交戰事，宛然可睹。徘徊久之，未知道林所在。以勢度之，當在雲麓宮峰下，游者渡湘江，由道林過書院，然後上嶽麓耳。而少陵詩云：「塔劫宫牆壯麗敵。」今求其址，不可得矣。至云「寺門高開洞庭野，殿脚插入赤沙湖。」洞庭、赤沙去寺遠，不可見。然後知古人用意廣遠，屬詞亦得其大概而已。即岳陽樓詩雄視千古，余過時，春水未生，不見有如詩所云者。按少陵亦以冬盡春初過湖，其所爲詩亦想像得之，非實見也。吾爲詩，一字不肯假設，由是觀之，亦已泥矣。比在長沙月餘，其地卑濕，余不戒於起居，得痺疾。已，買舟溯衡陽，思上南嶽尋大錯和尚墓。至湘潭，疾甚，不能進，遂返。未睹少陵所謂「祝融五峰尊，峰峰次低昂」，亦一恨也。』訪長沙賈誼宅，憑弔賈誼遺迹。過賈太傅宅：『賈生宅傍市廛開，爲惜春泥臘屐來。王傅未應嗟放逐，漢文要算最憐才。井泉自滿通衢汲，碑石重新過客哀。誰使湘累同俎豆，冤魂長此共追陪。』旋返金陵，晤方望子。白門晤方望子自嶺外回：『君家兄弟有奇才，何處雲山不到來。足遍四方雙眼大，身經萬死寸心灰。故人世外偏勞念，詞客天南已共推。攜得羅浮蝴蝶繭，相看疑在夢中回。』五月，受徐乾學修撰明史之邀，入京師。作書寄姜奉世，乞爲藏山閣序。秋日詩贈方震孺之孫以勉。壽春方綸貴孝廉索贈因以志勉：『西楚人文海內傳，德門早識世多賢。中丞名節先朝重，大令循良異代憐。兩姓弟兄存一老，通家子姓忝同年。相期事業從兹起，此是前程始著鞭。』深秋，近孔城，值大雪，從孫旆迎陪，返抵兗州。隆冬與粵東陳昆圃、黎文連、旌德汪帝臣等人兗州城守歲。

戊辰年七十七歲。春入京師。名重京都，朝中大僚多有延宴。京華門人程松皋邀同朱晦人、楊端木、張寄亭、王令詒、查慎行兄弟、陳叔毅、衛凡夫、孫愷似、吴震一、陳仲夔、張弘邃、錢閬瀛唱和。仲春夜，集徐元文齋中，同朱彝尊等唱酬。詩賀朱彝尊壽辰。朱竹六十初度：『先朝英妙邈難攀，洛社今時共一班。把臂參差鹹籍里，論交先後紀羣閒。功名只算逢場戲，著述偏乘解任閑。甪里舊居吾認得，扁舟澤畔待君還。』後于都門送別查慎行還里，并訂安徽之游。爲王令詒作王令詒詩序。其間，向徐乾學兄弟出所著書，欲請徐氏幫助詩易等書授梓。秋間回里。得徐氏資助，欲校訂生平所著授梓。

己巳年七十八歲。五月，泊南京聚寶門，又客潤州月華山道院，晤王個庵太守，至吳門，晤梁佩蘭并送其回嶺南。又與龔章相遇于吳門，七月送其歸嶺南。夏，開始所著作品的刊刻。秋，寓花溪。與徐方虎遇，爲徐方虎製藝序。與韓菼相識，并與徐方虎相交甚洽。中秋前三日，同汪異三、唐甄、姜奉世等在虎丘酬作。勸韓慕廬致仕。寓花溪數過韓元少學士談讌，是夕方虎至喜甚，率爾成詩：『古人稱勇退，所重盛壯年。聲名正赫奕，而乃耽林泉。』詩挽曾燦，心情沉痛。虎丘詩吊先朝死節者祠，有『國事爭知去，臣心本自孤』句，乃感慨心聲。同諸寓公守歲宋聲求宅上，有詩一首：『半年留滯客，除夜故人家。方味隨時備，賓筵取次加。量慳蒙恕酒，身倦且宜茶。勒馬臨階上，頻驚火樹花。』

庚午年七十九歲。三月，姜奉世邀同汪異三、唐甄往西山看梅，夜宿光福。又游玄墓山，到聖恩寺。有春游雜詩九首，其九曰：『自慶八旬叟，能從二妙游。扶持危下嶺，屈曲罷探幽。』頗爲耋年尚能從游危嶺而自豪。吴門聞龔千穀殁訊，作客吴門聞龔千穀殁于白下愴今憶昔，率爾述懷，不自知其言之長也，長歌傷恩。爲江寧織造曹寅題詩，作楝亭詩織造曹子清索題，武塘哭吊魏學渠。顧嗣立兄弟邀諸同人依園雅集。六月，同徐大臨、張日容等燕集。隨過太湖，至莫釐峰，徐乾學同游。同姜奉世至上沙訪徐昭法。七夕，寓花溪，同徐秉義酬作。八月，田間文集刊成于蘇州。時原望著作除所知錄外全部刊出，因經費不濟，易學、詩學、莊屈合詁及文集只能次第梓成，詩集又次之，而藏山閣集因避嫌終未能開雕。五種著作始事于夏，告竣于來秋。重九日，周介凡邀飲虎丘山後菡怡閣。深秋，由吴返里。

此後三年，頗有書信，未見詩作留存。

辛未年八十歲。年老體衰，不復出游，但與故友書信仍頻不斷。先後寫信給王子喜、張敦複、葉見初、家枚一、文行遠等鴻雁往來。念念不忘著述的刊印傳世，托囑諸友爲之力助。

壬申年八十一歲。是年身體漸衰。與韓慕盧書：『弟近日喜卧，佛家稱行住坐卧四威儀，但有卧耳。坐久即亦不能堪矣。飯少喜頻食，間及甘餌，皆老態也。每飯遇心有事，或聽人説話，輒哽在胸腹間。非不下胃腕也，于中隔塞，但有少氣自下轉，則剨然而通。又大便艱澀不出，亦須氣轉升而始降。當是中氣衰弱，不能傳送耳。醫家皆云宜大補氣，補氣之物，談何容易。每參一錢，買穀一石，足救弟一門四十餘口兩日之饑，其不能以老病一劑之補，換四十餘口兩日之飯，明矣。往年全收，足支半歲，連值荒旱，朝暮不保，合室嗷嗷，待哺于此老病一翁，其何以策？又諸曾孫日見長大，宜有室家。長者已逾二十，已入學矣！而尚未能婚。弟未六十見曾孫，今八十一矣。未造高祖之稱，亦餘年中怏怏事也。』

癸酉年八十二歲。是年身體日衰，常卧床不起。四月，應方以智侄有懷請，作白鹿山莊房詩集序。這是他生前留下的最後一篇著述。夏，自知難起，作手札别海内諸故友。在與黄平子書中云：『記三十年前，曾于長塔寺，得挹清芬，雖未接膝深談，而屋梁顔色，至今猶在夢寐間也。每次經過貴里，輒欲停車造訪，爲同行刺促，不能獨留，未嘗不望風慨想久之。舍親何西符，受經貴地，敝居密邇，朝夕相見，詢知起居佳勝，且知閉户著書剞劂多種。安得縮地御風，一叩函丈，盡睹所未睹乎？念之神往。僕今年八十二矣，萬慮俱盡，惟筆墨未捐。多生積業，無計得脱，然所刻六種，板留吴門，刷本甚少，無由奉教。西苻行促，轉于坊間搜得文集一本寄覽。兒孫輩秋後有事吴下，或得少有印刷，當覓便人又寄也。相距不及三百里，老病龍鍾，握手無期，所幸郵筒甚便，非時可接殷勤。或者兒孫秋冬之際，糊口遠出，便叩高居，又得攄我情愫也。西苻臨發，便附數行，惟鑒萬一。』

入秋，病重，九月初一日卒，享年八十有二。葬于樅陽之東破罡桃花村余家郭莊桃花山南麓犀牛地。方苞作田間先生墓表，并題碑名。

錢公飲光府君年譜

男撝祿敬述

萬曆四十年壬子府君生祖父年四十六祖母年四十五皆垂老故生而弱多病生時祖母假寐夢白鶴翔於庭

癸丑甲寅乙卯府君三四歲時坐門外聽祖父與人言歸爲祖母一一述之少言笑皆以爲有湊心云

丙辰府君五歲是年冬葬曾祖父府君云祖母教甚嚴少有過跪膝前良久乃令起製布衣分諸子度歲三伯父幼安竊衣以出府君歸亦求衣祖母罰令跪俟

追三伯父衣至藏之始命府君起

丁巳府君六歲

戊午年七歲從舅氏龍九逵公發蒙與姪因之同讀讀論語歸於祖母前置桌寫孟子讀詩經最喜葛覃黄鳥之章如在其㫁如見其景是冬與方氏議婚

已未年八歲

庚申年九歲泰昌元年冬大雪

辛酉年十歲天啓元年春大雪雪深尺餘府君是年從龍穀祥舅公

壬戌年十一歲眘間出痘是年習對股不能遂罷已忽

謂祖母曰吾似已通可以屬文祖母問何故曰吾讀
左傳皆解吾爲文期使人可解而已遂爲文
癸亥年十二歲行文不喜遵常說好作新解其年苕水
伯祖卒有貴人過弔聞府君能文索觀異之府君原
名秉鐙族叔祖龍山公嘗指燈命作破題府君應聲
曰以一炬之火並日月之明後見子平書有此二語
不知何以暗合豈即後來語讖耶
甲子年十三歲是年穀祥去從兄浮玉代之時園中花
事爛熳府君以駢語禁止摘取者浮玉見之訝曰弖
豈能教此子耶其冬從大伯父伯玉讀四川劉耒倩

來是秋其尊人用潛舉賢書用潛昔從祖父受業此地既售故復遣其子至也是冬府君知爲詩

乙丑年十四歲與劉耒倩同事從二伯讀心怪二伯所爲帖括其功甚勞府君不樂爲亦不能爲也嘗竊入藏書處得禪師語錄皆能解冬祖母謂汝且完婚大驚語不倫已曰且俟入學後議之

丙寅年十五歲是冬完婚

丁卯年十六歲春間縣試取第四名是年二伯父入學諸伯皆鄉試府君隨祖父爲白下遊寓淸凉寺有秋夜不寐詩祖父甚喜自此後同三伯父讀書

戊辰年十七歲里中石屋寺爲文社是年府君始得與
匑文出中表方聖羽見之曰石屋一會獨育此子同
社大怪之已而名漸起姑父方伯綸匑會覽府君文
必歎爲不及是年於村塾中見戊辰京稿有金正希
三十篇大喜神之歸亥年艾千子乃批選行世
己巳年十八歲祖母病府君私禱之神願損己壽以延
母年夏六月祖母歿冬葬祖母於宅後麥園
庚午年十九歲同三伯讀書先春館以老梅得名三伯
慧甚妙解文義漸化府君拘謹之習是秋南闈墨極
盛府君獨喜陳臥子及施伸翔作而不喜吳駿公亥

 三

年駿公雖元終不以爲善也

辛未年二十歲府君至皖見阮霧靈翁大爲稱許是

秋作海棠賦

壬申年二十一歲是年邑人舉中江大社六皖知名士

皆在府君與三伯與焉首事者潘次魯方聖羽也次

魯爲閹黨汝楨子聖羽則皖髯門人皖髯陰爲之主

以薦達名流餌諸士由是一社皆在其門皖髯與予

家世戚門内人素不以爲嫌府君鄉居不習朝事漫

從之入社會方密之吳遊回與府君言曰吳下社事

與朝局表裏先辨氣類凡閹黨皆在所擯吾輩奈何

奉爲盟主曷早自異諸因私結數子課文其中江社
期謝不到諸公既知有異心矣其冬府彙試生童俱
集大鋮治酒大會社友獨不招府君既試畢府君往
謁其封君在麓翁翁語曰子爲誰薦府君曰未有翁
曰小兒云方仁植已薦子矣府君曰不知揖而出仁
植者密之父也已發案府君第一大鋮遂居爲已功
癸酉年二十二歲劉用潛爲婺源令祖父受業門人也
遣迎祖父到任過皖大鋮急語之曰今年婺令必入
闈諸昆仲必應中一人以報師恩宜儘尺頭長者且
才美不愧蓋指府君也因密傳用關節法祖父辭曰

此子年幼正宜用功吾生不作僥倖一事寧敢以誤
此子併累劉使君耶其秋用潛又迎且曰某將入闈
署中須師炤管祖父力辭不去已劉公果入闈府君
兄弟皆不中八爭惜之祖父獨喜曰幸甚不墮其𣪍
中郎使徑中不由關節亦終身爲某口實得𢹂制之
矣其冬歲考優取第八名案未發文宗丁艱移文到
學炤例給賞有力者禁不行仍用前案幫補遂發此
案
甲戌二十三歲是秋邑中民變旣定府君隨祖父遊上
海過白門謁孔玉衡相公時猶爲南少宗伯也冬囘

里用潛期以明年入署讀書

乙亥年二十四歲正月流賊至桐圍城三日城上擊死一賊首解去四伯三伯偕府君東下府君入上海署會用潛得罪於郡守揭於直指將被論猶爲閱直指觀風卷取包爾庚第一芠憲章第二包固名士芠則素無聞者通邑譁然劉公以謂府君府君曰若據文當居包前耳劉公亦以爲然已知爲袁公諱定者代作也二公皆捷丁丑文字之有定價如此已劉解任

府君仍同諸伯回里過婁東謁張西銘先生

丙子年二十五歲讀書龍眠山中左碩人爲主子直子

忠子厚其事大鋮聞之謂祖父曰聞公家有人與左氏共筆研必非公子也左氏固吾世仇吾兩家世戚寧有此乎祖父曰有之即吾少子也彼少年寧知前事意氣相爭自爲投契吾輩亦焉能禁之大鋮從此銜恨於府君矣其秋鄉試罷乃益爲詩

丁丑年二十六歲春賊大至合家渡江避鳥落洲賊退始回五月復至再往是年長子出痘冬生次子

戊寅年二十七歲鏈戶讀書會方仁植以中丞撫楚寄之自楚回邀府君至白門共事善府君文欲捐貲援梓聞里中賊警遽歸復移家避舞鶯鄉度歲寄之往

楚留都出防亂公揭以逐大鋮大鋮謂密之主謀而

府君適與同事恨益甚

己卯年二十八歲在白門館於葉晃仲家陳百史媚也

是年夢遊萬花谷花大如斗府君科頭行吟其間人

以爲瑞乃心花開耳自此拈題會心落筆如意其冬

歲試卷自謂必得首已案發前二名爲有力所占置

之第三猶第一也

庚辰年二十九歲正月入城留龍眠山中與三左同事

是春補廩祖父病府君與諸伯晝夜侍藥祖父病中

吟詩不輟猶爲府君說易今所存易學是也是年大

滂圩田盡沒喪事悉從遺命草率以殯阮大鋮遺祭
其文專以詆府君府君亦同諸伯往謝隨作行狀走
白門請何文端公爲墓誌銘三左亦承密之旨刻桐
山彙業以別氣類吾邑社事之判自此始府君爲鳳
陽戴功甫相約以次年至白門
辛巳年三十歲春同左子直東下到戴館既以讓子直
與方奕于同事三十之辰同陳同人到清涼寺祖父
舊寓也登山巔北望痛哭久之已念賊盤踞不去親
喪未葬中夜無寐遂辭歸卜葬諸伯渭日有陰陽家
忌府君曰只碍我不妨也遂以十月葬葬甫畢而流

賊至凡諸殯而未葬者俱被賊焚府君遂挈家至白門賃石城門一寡婦家屋甚陋米炭俱盡城北文人歛錢以濟除夕方瞿菴約流京諸子張戲夜宴遂達天明府君有南徙紀事一百韻孫克咸授之梓貴池劉伯宗爲之序

壬午年三十一歲移居城北與吴鑑在劉臣向比屋而居仍踐奕于約爲三子授經選過江偶集府君臆直諸子推以任事盖任怨也會何文端歿復社公祭屬府君爲文其中略序朝局以及閹黨至今爲害等語何氏懸堂之正中大鋮陪弔客於此堂更衣客必覽

此數語大鋮知爲府君筆，葢假大司馬范質公、銀臺馮鄴仙下交誼甚篤。先是家仲馭爲南職方郎，出都時密之以同社諸子相托，府君以衰服不往見。已職方陞文選，府君服闋始往謁，仲馭留宿署中，談詩古文大喜。時已報陞廣東鹽道，而仲馭以終養請，相邀不得請則同入粵讀書。

癸未，三十二歲。仲馭請終養得允，解任歸。府君送之，握手約東下。其事未幾，聞太夫人之訃，因附方瞿菴舟與奕于同入松江，晤夏瑗公先生、臥子、闇公，因便道過嘉善。兩君入武林，府君遂留仲馭家，得交家爾玉爾斐彥林仲芳魏子一子存仲馭病廬居咯血不能讀書府君遂由武康湖州至杭州爲昌化之游返寓湖上與奕于瞿巷孫克咸姚繩先流連詩酒者兩月與陸麗京昆仲巖子餐昆仲范文白沈匍華徐世臣諸子稱莫逆交九月弔岳墳有詩傳誦遍吳越間九月盡仍至嘉善仲馭病起尋前約適吳鑑在自閩歸中道奴挈資去擬附府君歸府君因勸仲馭明年併約鑑在同事願分百金各半與爲館穀仲馭許之遂同返白門冬與同遊過江詩略先是陳默公以年少佻巧諸子不令入社而方爾止時以諸父行凌方首

之毎不能堪默公乃摘爾止詩文疵句爲小揭以悅
直之爾止聞之知爲默公也自武林奔回單揭直之
語甚狠藉是時方仁植以楚撫被逮下獄寄之新第
終日泣血籲寃而阮大鋮在白下眈眈於方氏爾止
連夜刻揭揭出郎擬送大鋮直之與默公未曉叩門
跪求救値方蘊修大會名士府君以直之隨造會所
拉爾止于諸君前述其本末責爾止報復辭理備暢
爾止語塞諸君子皆以府君言爲然衆議毀板不行
禍遂止有傳至都門者仁老見之吐舌知爲默公始
禍以責直之直之復曰此出某人手某日前于蘊脩

大會座上業自認矣與默公無與鑑在赴闈時隨行
知爾止回必發難於二子二子必求救於府君愼勿
以熱腸受誚二子必相負也已而果然
甲申三十三歲同鑑在過揚州下嘉興仲馭方喀血臥
病聞兩人至驚喜而起病亦愈三人閉戶南園日課
詩一首分部看廿一史府君分得晉書三六九課雜
文一篇見燭始宴飲一日相公過南園曰邸報一月
不通京師始有變未數日果聞三月十九日之變相
率痛哭慫勸府君回致書史大司馬及姜居之掌院
爲早定迎立計是時潞藩舟泊無錫三吳人士皆以

桂藩至親而遠潞藩少疎而近意在潞而忘有福也府君挾諸公函至丹陽路上遇逼家劉晉仲自留都來云已迎立福世子監國擇十五日即位矣比至留都方安人先攜子女買舟還里府君遂寓方君則家即同相公宅後也知事已定遂匿諸函而舊德州雷介公以艱在籍聞府君至邀往問三吳人情略道其狀介公倚之門人也因言姜史前亦主此議馬士英先已有主移書問兩公兩公具以此對馬既得報即擁福王渡江又言姜公欲得一同志者辦事惟兩君自擇鑑在推府君因囑宜極密事恐未成也而里有

二惡生素妒府君何氏兄弟妄語紿之以史机公登
啓事矣其人急奔祖堂山告之阮大鋮大鋮既已得
氣甚避跡于此聞之語仲伯及君則曰某爲史公薦
授職方得志後期免予一死可耳力辨不信府君歎
曰禍作矣不及至家兒爲我善藏妻子予亡命矣仍
回至嘉善具言情事諸公猶未信未數日而大鋮出
山大興同文之獄而府君竟挂名于宗室朱統鐼之
章以擁戴疏藩謀危社稷爲罪緹騎四出家人無處
可匿仲伯乃送之東來府君變姓名逃吳市闔家眷
至乃返嘉善仲馭推南園之小閣居焉時除夕前數

日也難未發時客于嘉定幕中令郎錢默彥林子也

日聞報知且不免求出謈默不可欲執以獻頼姜如

須與仲馭計脫出遂改服混跡吳市遇黃石齋先生

舟過閶門望見識之招入舟與談東漢君子之過因

言錢牧齋畢竟比爾多讀幾年書學問不同府君笑

曰如此讀書不如不讀先生正色責之且勸學易以

遠害全身授以所著象正隨有大行賫韞生自留都

至寄語曰捕君甚急早自爲計遂别是時雖在難中

而制作甚多仲馭以事入白門相公留居息園匆讀

府君詩一首輒歎曰才子也

乙酉年三十四歲家眷避居南園府君縱跡往來吳門
雲間而彥林宦於留都致相公書云仲馭以歷龍眠
中考功法矣相公懼府君復從城外之觀兜孫氏宅
會龍門陞福建道府君送至杭州浙撫張坤菴謂龍
門曰某在貴鄉部文到此行捕已一月矣不能久撓
幸勸其遠避意欲與同往閩中會遷光祿召回遂同
返在杭時于湖上舟中聚飲忽聞堤上有喚府君字
者急出視之里中何虞吉也與言里門大衆族長某
已投府臨期在必得宜速遠避府君仍走吳門諸同
難者咸在有入高幕有入劉幕者劉漁仲致石齋師

詩扇一握且寄勸入閩楊維斗爲畫入鄭氏幕策未
決仍返嘉善覓藏家處而左兵東下黨禁少弛未幾
北兵至留都潰大鋮奔金華士英奉太后入杭州杭
州入將擁監國遣陳洪範往請和到嘉興高起潛舟
師亦至府君笑曰以此請和必不見聽嘗乘此兵勢
返旆梟二監之首號召三吳東南響應堅壁以守然
後議和可耳洪範曰子固欲雪子恕耶不半月北兵
下洪範望城迎降且爲前驅入杭矣而吳中猶傳北
已議立潞王錢彥林知府君識洪範乃賫金帛由劉
漁仲以賫洪範欲得舟山參將其意蓋有爲也託府

君與鑑在徃兩人亦欲借此行覲潞王也中道見劉
使背有番字詑問之云非此不得入城府君曰潞王
安在曰拘守於某衙門矣府君大驚勸鑑在返不信
府君見有嘉善小舟過遂躍而上行裝皆不顧夜至
城云杭已屬北潞已被拘矣數日鑑在踉蹌而返言
閶城剃頭幾不得出而嘉善人以府君有先識具
勒在杭以書幣聘請浙東商周祚劉宗周浙西徐石
麒及相公四人府君方在南湖急棹小舟相迓作報
書府君知之舟中即援筆爲千餘言比至相公迎語
其事府君出書以呈相公喜曰甚佳毋乃太倨乎袖

出仲芳一稿婉弱已甚欲以兩書酌取用之府君不可索徐公書稿則數千言倔强幾於怒罵矣由是三吳鼎沸爭建義兵仲馭亦踴躍從事相國輸金數千米帛稱是遺之書曰吾世受國恩義不容已吾老矣不能報國成吾志者子也子必勉之其夜鑑在夢駱賓王題句其宅知不吉諱之仲馭因同府君入雲間與陳臥子徐闇公訂盟而還以門下洪某爲將聚兵近千人日費百金皆搖船人耳土人以劉漁仲爲洪範黨購之甚急漁仲父子奔彥林彥林執而駢斬之府君與鑑在爲請葬其首不答是時人情叵測轉眼

卽成殺機非擁兵無以自救以是仲馭營於婁區府
君以舟載家從之居焉未幾城破義兵盡潰相公諭
解兵仲馭不可乃乘舟親來仲馭先去囑府君與鑑
在守勿動軍貲甚厚漂泊於巨湖波浪中諸將皆有
異志陳臥子亦自松江奔至府君請以軍實授之使
再舉臥子猶豫隔一夕來而人心變矣臥子去諸將
盡分其所有以行府君爭之幾爲所殺獨存十舟耳
府君召其紀綱悉以授之扁舟同鑒在至汾湖繫於
王徵哉寓前數日仲馭來言往震澤晤熊魚山知新
安兵盛正希遣人迎魚山往矣且言震澤安堵橋上

吹簫度曲不知世間有亂急宜往尾魚山以行舟將
發而徐闇公孫克咸亦載家至同往震澤甞八月十
六日也次日仲馭鑑在留舟中府君與闇公克咸棹
小艇往沈聖符宅尋魚山約同行中道聞河內發
一礮聲疑之急返棹見鑑在血被腳赤身從水中出
迎府君招手曰仲馭死矣汝家俱沉水勿用去矣府
君急奔至舟次敵方吹角收兵河內船盡燒燬死人
滿河見予家船燒存底板耳過舟子問之指水曰只
在此中敵又上岸擊人遂奔回與鑑在闇公克咸夜
投聖符宅夜大月闇公忽傳信曰賊已去兄嫂故在

某宅府君急覓舟奔往尋見之則閻公夫人也問之
云被擄上舟過市爲市人上屋以瓦擊賊賊多死棄
舟赴水去士人留此待贖又問曾見方安人否曰但
見某夫人某夫人同舟實未見君夫人也已至倪宅
門得長子遂知死難事事詳安人狀中次早天微明
冒雨收屍旣得安人屍卽號曰仲馭仲馭一夜不見
汝死矣我在此收汝屍也屍自水中突起水急甚順
流而下乃截流至岸水與岸平府君挽其髮力盡不
能起又不敢放命長兒牽府君岸上以留之待明市
人起府君號曰此錢某也共挽之乃起得兩屍小僮

秋煙隨下水挽其裾不放遂共出焉市人皆驚歎久
之午後收二兒屍女不知所在四屍在岸撫之號泣
出血求觀者其舉至普濟寺仲馭主僕自有人收斂
送回獨安人在地遇大行沈猶龍見之滸泣倡衆鐲
貲斂錢收殯府君遂留滯市中而克咸闇公走太湖
取道入新安癸克咸失去一子闇公子被殺府君亦
爲收屍覓舟併夫人送回松江而兵又大至僅存一
僮一婢僮被殺府君攜子棄柩奔入村望門投止遇
舊御史徐公養心楚人流寓於此乃屬其主人沈君
佐舊禮之一婢質與君佐得八金亥早兵復至村放

掠沈人盡去府君投一枝菴菴僧淸源勸府君出家
而兵又至仍奔沈聖符宅八無襆被聖符夜薦以草
遂出汗病亦漸愈而聖符鄉人有自新安帶魚山家
信回者併約府君輩大兒爲其說所動堅欲行遂偕
之行至孝豐新安已破乃間道入昌化昌化固舊遊
地也有門生王曰佐可爲主值其下鄉旅店不容徘
徊間衙役陳明識之曰得非某乎曰然語之故遂以
邑令意送舊寓城隍廟甦栖曰始聞信急入城餽以
衣裝且邀府君下鄉而邑令亦欲以其祖墓誌見委
遂留居焉八之署中有新安穆修玄出語府君曰先

生遂留此乎閩路通我助先生資同往遂隨修玄行至淳安福德源土人揚兵遏之以爲方兵也縛去幾以釁鼓力辨乃免至衢州韋劒威喜曰尚在耶此中相傳已死可卽移與同寓府君以穆生資我來未能却也次早流寓諸公皆見過且云關門甚緊鄭氏恐入關者言彼家事非有撫院批不得入因遲疑久之穆生曰請卜之關廟府君初過孝豐將見同行數十人多挈家輜重疑行變同長子閎步關廟甚敝試乞一籤示之曰扁舟急下浪如雷保汝平安去復回次早辭衆獨先行後者盡被掠奪殺傷府君因信之甚

因同穆生問籤凶不可行穆生卽揮手別去府君遂留劒威寓中又數日有徐欽玉者覓得一批約劒威因約府君同行復問一籤曰黄閣開時延故客驊騮應得驟康莊指府君行也資斧缺欽玉時時補之旣過嶺浦城買船下閩溪石勢水道皆昔年夢中所見也至水口溪平夜方舟放行與同舟閒話隔船呼曰某也躍入舟蓋同宗開少與同黨禍者也因言曰君與閻公鑑在及徐君和被黄閣部疏薦二徐已補官鑑在候予同召對也次日進閩城信步遇鑑在叛僕懸其示鑑在寓得之因與同寓居數日叩閻爲仲馭

請卹并及三吳死事諸臣末及方安人殉節狀奉旨
他已有旨某妻方氏死節可嘉該部卽與議卹隨到
禮部通呈尚書黄錦再三駁問府君謂似不肯覆疏
也棄之不問已與鑑在言曰吾見入關者紛紛以口
舌得官吾恥之不願求對上疏求候鄉試奉有朝廷
破格用人既經輔臣薦舉吏部卽與試用之旨因赴
部候考時冢宰曾公櫻也選郎朱公永佑其族有某
者亦名流爲延平判以墨敗語府君曰須有講求今
考者多乙榜貢格固在不然且得雜職府君笑曰萬
死來奔猶以賄得官乎遂考考題二藝冢宰大喜置

第一鑑在第七過堂時太宰問入闈故府君細述本末太宰召余前與深談久之益異數也次日榜發府君得推官鑑在得知縣同試方蘊羞得教諭憤甚往謁謝太宰指府君曰觀于才固奇士也吉安推缺郎以相屈奇男子須為朝廷任危疆勿求安樂地府君不能辭因言方生亦奇才置之散地可惜太宰問之知為方孩未子也即改縣隨補瑞昌而鑑在得長汀府君即以是冬隨江撫劉廣胤出度歲於橫塘次年行未授官時困甚鑑在為邑舊令章君邀去因導府君往謁不出久之乃出問曰君來意欲得官乎大是

雜事笑談而別出門贈以一金既得推値其郡有缺
鑑在曰論貲當屬錢某隨即見過有厚贈焉人情固
如此是時有擬上皇帝書行在相識者力尼之乃止
不上

丙戌年三十五歲同劉撫軍出閩江撫無署暫假虔州
道署行事同入贛則吉安被圍萬督棄之去矣府君
不能赴任劉公留之幕中吉安破北兵至贛府君辭
入閩劉乃以家眷及宦橐託府君攜付其弟客生舟
七艘中道為亂兵攔截從者倉皇欲棄舟去府君出
艙與其首領好語其將張安也即往拜張安張安麾

兵退舟衛全逆流上雩都客生在爲閩撫軍與戰敗
被獲相對潸泣次日有人自北兵出接撫軍書曰予
不得死拘于高進庫營高吾同鄉也善視我我不能
脫終是一死錢子所攜橐以十分之一酬之府君大
笑曰公未死忍分其橐哉留長子長汀署中遂去復
進閩至延平延平方爲行在地衙甚司李缺卽補爲
奉上臺差委無寧刻巳檄行屬縣催積穀銀兩八月
初一辭朝下縣由順昌將樂沙縣至永安惟永安有
現存三千金有江右宗室賣劄派餉縣役以數十金
易一參將劄付卽黃蓋拜本官用平行禮縣令中道

迎控之亦早放告育告此事者卽捕獲三人懲治之餘黨一時瓦解宗室狼狽出城去回至貢川聞延平變府君屬縣令以現存物解赴汀州令不肯願與府君同賫投誠府君知其意變急散吏役從一老吏門子奔汀洲到歸化胡枋村知汀洲已破上蒙塵矣不能前再遣人訊大兄信亦不知所在府君意長兄必隨二劉入粵是時劉撫已逃回與爺客生俱在汀也遂囷村中沙縣生員羅墳等聞之遣人迎至北鄉寨度歲

丁亥年三十六歲寓北鄉寨以髮未薙終日閉戶吟詩

時從僻徑與入順昌横坑竹塢居數日又返至秋大病地方起兵建寧爲王祁所破各鄉鼎沸府君力疾走邵武水口寨避之而邵武兵復如麻有稱德化王者舉兵圍順昌久不拔遍訊府君所在將甘心焉已知即永安散劉之宗室也吾邑有趙生培者流落閩中府君在歸化村見之以同鄉邀與同寓其人傾險相負者非一次矣見府君病危即欲分裝散去府君不得已以數十金贈之又贈其兒十二金伏枕灑泣而别既至順昌即投德化言府君與今延平推官徐某善内外陰通德化遣人物色見府君在床髮未剃

疑之以情告府君且曰必往見府君稍能起卽力疾
往德化盛氣以待之環以兵刃府君從容與談其人
固明敏慨然歎善遂納交與誓盟焉府君慮趙生譜
且不已遂復走沙鄉舊居而沙縣已爲羅南所破擁
新建宗侯入府君遂依宗侯以居逃死而已已永安
爲鎮江何應祐率嶠賊破掠奪無遺婦人被掠不聽
贖邑人士知應祐爲府君同鄉星奔沙縣迓府君往
府君在北鄉寨應祐曾遣人致書語其人曰吾至戚
也府君初未識不答書又言非戚應祐恨之府君不
知也比至永安方與武進龔震坐談而應祐擁兵圍

寓直入數府君瞋目切齒曰予非開少弟耶吾錢氏
壻奈何以我冒認耶遂拔刀刀不出室府君曰言鎭
江則知矣昨來者言君是桐城人我故疑之府君知
其欲以府君爲賊黨證據嫚駡曰少年與汝諧謔使
酒任氣今幹成如此大事尚作少年狂態耶色稍和
環圍者稍稍解去應祐遂起曰且到我營府君急喚
輿夫張蓋以往賊黨見之皆延平屬邑人曰是故理
刑也皆起狀甚恭應祐氣奪府君索飯又臥其榻見
一少年過閤爲誰曰予子也艮久且駡之曰我爲爾
舅殳寧不拜乎遂拜令輿夫送至寓府君徐徑飲以

酒酬以筆墨應祐喜復過府君寓談盡歡留府君久住府君唯唯連夜出城復至沙縣而沙縣亂民借義兵掠奪其將領派脅詐騙府君語新建懲治數人其兇首羅璉勾江西賊首劉逖突入府君寓盡掠所有併縛府君捶楚且甏合城百姓噪呼走救賊懼棄之而去半夜乃甦自病起至今未三月三犯難事危矣危矣

戊子年三十七歲順昌潰沙縣將走已知江右金聲桓叅將郭天才入關託辭救閩實欲内應破順昌大掠而下故不至沙縣孝廉鄧可權謂府君滿城皆賊黨

公不可久居村又無容身處且避之大田須募兵以自衛府君遂往大田有曹武舉兵三百人願以屬府君而大田亂作殺田氏一門府君去大田微閒江右有返正信欲出關此三百人願護府君至沙縣比至而北兵已有哨馬到城邊賊黨盡走邑人見馬少且登陴出戰可權出見府君且留兵城外堵截爲後勁邑人輕進馬追回散去而府君兵亦潰府君奔山伏草間騎急追及之草間伏者多搜殺數人而府君得免會大雨騎亦返府君迷道不能入城隨土人行轉走向南去城愈遠饑困苟寮者數日有姜生員物色

之贈金二兩乃覓人送過城北舊所寓村爲出關之
計送行者亦不知路過小村爲土人所識自稱本係
銀匠曾受官恩夜讓牀宿次早父子舁肩輿渡大水
隨者不能從矣既至此村其家聞信以爲必死方延
僧作佛事招魂而府君忽至僧盡驚散去府君急束
裝爲出關之計隨路義兵截路幸髮未薙以示之皆
放行至和平里爲兵主傳光終所留傳敗棲大愁嶺
不食鹽半月由黄土隘出閩自慶曰今日亦得離虎
穴耶至熊村防關兵以爲亂兵自閩中回者盡縛之
掠其資府君出關時先令寫舊銜帖即持謁且示以

髮百計脫免投壽昌皈闍黎大師出家闍黎命且閣
藏從關內黙窺之曰君意中尚有未了一事府君曰
然亡妻櫬在吳未移回僅一子散失未得聚耳師曰
如此了此兩事再來不遲且粵東已返正矣宜急往
府君遂至新城縣寓黃氏老翁宅値郭天才兵出關
是時北兵薄省城外金王收兵入城聽其合圍又調
郭兵皆入城其方略不可解也九月見有自粵東至
者皆褁幘始信粵事遂結伴往所至之地皆紀以詩
合閩中作刻入生還集矣過贛州村中遇舊識者言
丙戌秋於贛州二劉舟中遇大兒始知兒果在粵也

村人言郡中日出打糧捉鄉民送回每人三石三十里內家無粒儲府君知其堅壁淸野矣至南雄於太守座上見監軍張公以所見堅壁淸野知其請降僞爲緩師以待南昌信也何不以偏師出南康綴之而以大隊出湖東救南昌此路郡縣皆爲我守義兵如雲皆可爲前驅也張公曰我以君語語惠國明早約君來面語之次早張公來曰我述君語笑曰彼書生耳安知兵事出降書見示曰此寧僞耶遂别府君至韶州遇平湖曹素臣豪士也許介字贈以舟順風而下至三水卽轉風逆流而上一日卽抵端州是時上

自甫西來駐蹕纔數日也府君抵岸即令役苴持字
問二劉去未久有與役同至者即大兒也言貌裝服
居然關中健兒也相見悲喜急往謝二劉不復作仕
宦想矣久之上一疏述闖中情事南奔所見民情兵
勢略似蘇表行在諸公爭傳誦之有張鳳翼者與敗
府君同鄉同年見之私語曰須育所費可得溫旨府君
駭曰今日尚以賄求官耶張曰汝外吏也寧無所攜
府君不答次日果奉該部知道之旨府君亦聽之而
隨駕相識者頗多言諸吏部授膳部主事先是至省
時惠國欲補府君廣州推官府君見馭屬吏猶奴隸

也力辭之乃免

己丑年三十八歲是春議行考選主持者總憲袁特丘掌垣丁時魁副憲劉客生皆舊友也時魁知府君強項與彼有異同乃以資俸爲言府君在閩時同授推官六人三人僅存謝玄珠初授南陵推官已行取入御史矣惟府君與瓊州推官汪蛟皆陷沒至是始至資俸不及府君曰資俸信不及矣然我髮一日不剃猶是本朝一日之官此三年髮猶不可以算三年俸乎皆無詞而劉客生猶欲進汪蛟以瓊州後破數月實因蛟舉人也蛟固與府君素厚府君罵客生曰子

論資俸乎資格乎汝以諸生冒授職方無故改御史
是何資格臚以編修兼御史未二年即以詹事兼副
憲是何資俸人方以此論汝汝乃以此格我乎劉愼
甚汪蛟亦不列名諸列名者皆邊徼外吏庸陋而已
未幾有棗陽王之封府君乞爲副使以出至廣州刻
生還集成遊甚快不忍返矣會上特重制誥以詞林
無人欲愼其選詔廷臣各舉所知已仕未仕者吏部
同詹翰彙齊臨軒親試如唐宋制科法府君爲留守
瞿稼軒所薦部文催還以九月回端州諸公始行考
選旣已考定題授上徵聞當事有私五日後復與覆

試多所更定諸公氣乃大沮臨軒之舉直遲至十二月始行事詳臨軒恭紀臨軒曲小註中及入試時例取詹翰大臣閱卷劉與焉喜曰錢某今且為我門生矣私以關節要府君先拜門生府君大笑却謝之曰使我即出客生門亦不敢相認自是天子門生耳遂入試劉果同召適外間有密疏進言詹翰皆鬻關節狥私不可閱卷上即時遣出另用兩輔臣府君試出知劉之入不知劉之出也次早往晤同菴忽見客生大驚因語府君曰朝廷待大臣失體然吾弟亦以交游受累府君曰君弟亦自取累耳發榜夜同菴招飲客生扶病出億

甚曰兩輔臣科分淡所取不知何等人我一片苦心
竟成虛願言訖而丁時魁出朝以取定名姓列示之
劉大愧作
庚寅年三十九歲開館教習詹事黃奇遇郭之奇爭爲
教習師郭曰我由庶常起家黃固由外吏考授豈知
館中典例耶黃曰郭以庶常教習不成散出部曹陞
福建學僉後以貪敗南渡時馬士英以中旨起陞少
詹寧有是典例耶輔臣不能決會庾關失守上移蹕
扈梧州山陰師召府君以十數勑屬分給諸同館論
郎刻呈稿諸君從未習此有勉應者皆極不合式不

得已盡爲代作凡十一勅呈進師喜曰皆出足下手耶字字得體即奏上以誥勅奉屬矣于是以庶吉士承乏誥勅隨師舟行是時朝有兩黨吳貞毓程源萬翱郭之奇張孝起李用楫為吳黨袁彭年劉湘客丁時魁金堡蒙正發所謂五虎者爲楚黨上舟次德慶吳黨諸公請對盡發五虎之私厰衛皆左右之上震怒遂逮五人下獄府君隨師舟先至梧州除袁彭年外四人業已就逮龍舟且至府君謂山陰曰是不可以不救五人固力叅公者臨難申救大臣體也師然之府君從師跪沙濱師曰人少奈何府君曰且跪下岸

上詣臣不知所謂亦隨而跪上傳問何事師奏曰某等五臣奉旨被逮請寬恩多難之時不宜行此復傳曰已有旨了聽者皆起府君猶隨師跪觀者指爲虎黨豈知師爲虎所叅府君爲虎所扼抑之人哉五人被逮本末詳載所知錄踔既駐吳黨諸公爲政起用王化澄化澄固以貪婪爲金堡劾去者也是時首輔同黃奇遇亦倉卒相失而郭之奇從必欲得教習以制府君化澄累請上諭俟秋舉行而化澄遂薦其私以禮部員外請補編脩管誥勑府君有申明銜門典例一疏不得請恨甚自是府君與山陰枿然虎黨矣會一隻虎高

必正黨守素入朝吳黨諸君郊迎犒師四十里外悉言五虎之惡不殺不止山陰黨虎不去不已謂之勦虎驅嚴必正至行在往謁者百餘人相見所言無非此事山陰聞之註籍必正固劉氏同鄉劉同菴亦遣人迓之既至郎上同菴舟留飯府君適輿而過舟問知有客郎去高問曰誰耶劉曰舊冬臨軒所取新詞林某人也高曰來一會何如乃急招府君返高武人

不識字性開敏妙解情理時劉客生扶病在坐袁特丘亦強與席高不識也高遂大罵五虎壞朝廷大事已罵山陰曰我入朝所見無不說此老者府君徐曰

公見過多少人高曰約近百餘人府君曰曾見我否
高曰未見府君曰則老先生所未見者尚多凡來見
公者皆爲罵此老而來著我輩不罵此老不急來見
公矣且此老何事可罵高曰爲其黨虎府君笑指袁
與客生曰此虎也虎在此去年此時無日不參此老
作臨逮之時此老若下石以報夙怨甚易此老不去
害他反去救他據公看是好人乎歹人乎高悟曰君
言是也然被人參論亦不是全好人若孔夫子使沒
人參了府君曰孔夫子可憐被人參了一生到齊郎
被晏子參到楚郎被子西參伐檀削跡厄于陳蔡到

處討人憎嫌坐間皆笑高曰原來孔子也有人參巳上御龍舟促往召對劉遣人尾之遇諸公于舟次班房語聲甚厲人囘言其意色殊變不聞他語但聽說孔夫子有人參云云皆笑曰風轉矣及入對盡反其說言五虎處治太過山陰公忠爲國宜急召出王化澄不可任也又語吳黨諸君宜化異爲同不必挾私報怨吳人大失望偶然一語中其窾竅外人不知山陰亦不知也巳山陰引舟遠去高黨急追及之適府君亦至見高笑曰昔聞蕭何追韓信今是韓信追蕭何矣高喜曰老先生眞會說話山陰返高遂往省金

堡贈以百金不受以刀瘡良藥傳其杖痕成相知焉
諸下獄者皆赦死謫戍金謫金齒衛金所居一舟已
爲錦衣張鳴鳳牽去假息于同官蒙正發舟正發欲
去之不得乃暗賣與道政毛毓祺府君過其舟鬨舟
後有兌鍛聲入見之問曰何爲毛云我買此舟府君
正色曰公雖買亦須道隱病愈始可移毛云我安能
待府君云若不能待不如勿買將置此君何地公豈
不爲人口實耶毛悟即毀約正發大怒曰汝以我物
爲人情汝是好漢何不買舟以養道隱府君曰可需
幾何曰一百廿金毛約固在府君急回舟鬨司計者

僅存此數悉所有攜付正發正發大愧然猶匿臟二

枝曰此直十金在數外也其鄙賤如此正發去道隱

獨栖數日曰以予故令蒙君無色予不安另買一舟

移焉已高黨再對府君亦在班末對者猶以五虎爲

言對訖上問曰金堡畢竟是君子是小人三問無對

者遂退府君次日具疏言皇上昨以金堡爲君子小

人三問羣臣諸臣皆虎仇也未嘗殺然以堡爲小人

則其良心不能全昧金堡之不爲小人可知今其身

已殘廢相隨僅一僕夫墜水以死金齒衞非人可到

卽去徒死於道路是名爲赦之實仍殺之也乞皇上

更加寬恩疏上改清浪衛與堡同難者大不悅以府君爲獨救堡也自是山陰涉疑難召府君商之若滇封之議一年未決業爲胡執恭矯詔封秦王滇知不出朝議屢使以諷其意必欲得秦上意決不予秦府君謂於秦字加一字若興秦定秦之類如草剏時王號仍仿唐制加欽命官銜于上可乎公欣然卽以府君議奏聞會高必正召滇使坐責之極言本朝無異姓封王之例此議遂止而滇郎壞矣一日公語府君曰我已爲子請改編修矣府君曰同改者幾人曰獨君我引推知例爲請府君曰若然又增口實不如以

隨駕爲名適得四人俱改編檢命未下而府君病暑
乃乞堂假三月往桂林謁稼軒晤方密之吳鑑在山
陰亦命堅約密之入朝府君遂離行在而西吳人惡
府君者思有以中之會同里有汪啓齡無賴小人也
在粤西鑑在不禮逢府君大駡府君爲解免乃併怒
府君吳人問府君生平欵跡無以對則他曰不過鄉
裏往的人耳府君因自號爲鄉往翁以中秋夜抵桂
林謁謝留守瞿公晤密之鑑在閩變以後始得晤也
而謫戍者亦止于桂林留守終日讌集詩酒唱和而
已張司馬同敞聞府君談以爲迂闊次日造寓曰今

日再來聆君迂論矣曰又來與深談張大喜躍起曰
君不迂也因與訂交謂已無子僅老妻已殁殯于淺
土中隨身者惟平生一卷詩吾無累此番敵至必死
之府君曰往時朝廷以封疆付臣子失者必死今封
疆非朝廷有也我存一日卽封疆一日存死則竟失
矣君非懼死曷從封疆起見張曰吾往時督陣兵敗
則我下馬堅坐獨不去奔者見予止復回敵亦不敢
逼或以之轉負爲勝頃嚴關一敗仍行此法奔者去
不顧矣人心已散事不可爲惟有死耳唏噓久之抽
一金簪綰府君髻以明盡簪之誼出紵絲一件以明

縞紵之交指一童名劉勝斌曰此吾愛僮也以贈君善視之異日見之如見予耳因與府君遍歷山川之勝無奇不搜而道隱寄居莘坪菴其中表姚孟峽言道隱身行會帽搜之果得然道隱亦日與同集留守坐間時嚴關報叠至府君以爲言留守笑曰勿憂我輩今年皆嘗錦旋耳松仙授我錦囊每發無不驗存一囊題其面曰庚寅元旦啓之四字曰扶公榮歸寧不衣錦歸耶府君唯唯心惡所有錦囊盡于此又扶字不吉櫬亦稱扶也兵信益急府君辭回行在過平樂密之四十邀府君同往仙迴洞訪隱以常熟嚴伯

王爲地主府君見中有屯田千戶曰不可居也事變
此輩必投誠吾輩安所逃哉遂出送至昭平而別至
梧不及行在四十里同行有舟回曰駕行矣廣州失
守兵大掠不能行乃轉棹仍回粵西粵西來云桂林
已失平樂一帶盡潰矣急遽命泊舟上流兵蔽江而
下蓋曹志建龍虎關潰兵也府君舟無家眷同行朱
先民御史以巡方復命新娶夫人在舟潰兵紛紛上
岸連發數矢其在中流者遙相呼應揮白刃以示之
先民危急府君語曰汝靜坐舟中我邀上我船說之
窖取十二金一封藏諸袖兵果先上府君舟前後搜

問何爲曰尋煙喫府君曰舟中有煙我空舟無家眷
不妨請進不應府君察其中有最狡黠者一人拉之
進密付以金其人遂呼數人進府君因曰與聯舟者
即按院朱老爺船也有家眷幸相戒勿上其船此人
遽起如言戒飭同伍因曰駕往潯州朱老爺即追去
復命諸君皆壯士能護送到潯從駕即爲護駕兵矣
此功不小今日相會大機緣也行糧各費皆取諸朱
老爺於諸君意如何皆曰善吾輩業已無主得從朱
老爺護駕幸甚府君即邀先民過舟兵皆起拜因與
訂盟約至梧州相候甎以二十金爲犒賚俟寄家此

地星夜即來匆先發爽約皆踴躍而去是時朱不得
府君區畫幾不免去後乃舍舟從陸先民故吏士人
也導入四圍洞避焉府君假館於周村曾孝廉汝薦
家舟中輜重盡棄擄生還集板寄其家未幾地方猝
賊起先民已趨避其家受害府君移居三家村度歲
聞張瞿死難信爲詩哭之頃之瞿壽民亦攜妾至府
君勸其奔桂林收骸骨送之以詩而北兵久不至梧
州城空數月
辛卯年四十歲春二月北兵至梧復自三家村徙入山
去城少遠與舊蒼梧令周寒山爲隣遇同鄉甘翁尚

玄甚喜未幾曾孝廉字來言新來梧州道彭爌係同鄉密之亦在其署數日密之寄字招府君入城云來時須僧服耳又數日馬帥蛟麟遣官入山以書幣邀請合村大震府君冒雨急避菁林中寒山不知帥意重賂差官幾費百金亦不能盡償至今媿焉尙玄欲隨府君歸從間道往粵東路遇新選懷集縣典史肩輿過從人皆帶刀相遇詰問同行人多語多不合遂爲典史所拘到保長家投宿上坐問姓答以姓余笑曰恐不姓余姓錢耳府君曰姓錢便如何典史起曰果錢爺耶延之上坐曰我輩亦天朝人物時勢至此

不得不然因檢囊篋盡攫之以入府君請曰幸放我行所有悉以相贈但乞襆被更得路費數金足矣典史許諾從者三四皆楚人皆故識府君知姓錢也獨一關東劉姓者獰獰可畏府君遙見尚玄與細談言府君爲彭道尊前輩以書見招不去昨馬帥遣官相請又不去今乃受此阨典史大驚遂不放府君見其色已變急命大兒攜一僕被逸去因謂典史曰我知君不見放但甘翁同行可放乎曰可府君密語甘翁棄君裝攜我裝中有少貲前途遇我兒可爲資斧甘然之又不忍棄已裝並提而出典史疑之乃發裝衣

被爛然從行者皆屬目焉典史攫以去而以甘蓑付之使行臨行見大兒不見從者四路追尋府君曰不須尋今早見君色變已遣入梧州道尊署中矣曰見道尊何事曰君得我資不肯放知君何意留小兒在彼掛任根耳乃與肩輿同行至前村保長家擔夫劉姓者向府君問曰君許多好行李尚有金銀幾何府君曰銀不多數百兩耳金珠頗有其實烏有妄語以搆之耳劉曰盡在篋中耶此人沒天理帶你來沒好心今早空逃去府君曰他不過解我到馬老爺處我正要去何必逃因問汝得金幾何珠幾顆耶劉曰他

們分許多我只分得一口乃府君曰君誤矣彼楚人
弱甚昨從我者數人寧不敢與鬬所畏者足下耳所
有應與足下乃盡爲彼得耶劉憤甚因曰君到底容
逃此人知君爲彭道親不肯解上梧於半路無人處
動手誰人佈寬府君曰我則要逃諸君追及之到好
借名動手劉曰誰來追你我們不追他一人能追乎
府君因與彼三人語亦以是挑之三人與劉語同知
可以去矣乃命從役急飯府君與典史大嚼飯畢催
夫倥偬之際目授從役與逃入深林中典史猶命地
方搜尋有遇之者告以故其人轉引入深處藏之搜

至日暮不得其四人者果不來遂宿地方家次早回舊處不見大兒乃走梧州彭君見府君至急延入寓之在座云彭君托我作字招子見否何以不至府君曰不知意指寓之曰師意耳師意延攬久知有君予亦感師之知已容我爲僧也始知前之差官聘請乃實請耳寒山誤認乃爲重費彭君卽欲報師知府君辭以離家久思歸切一見師便不能遠行懇辭乃止因以路遇典史事語之聞府君行後拘典史至盡而賫裝已化爲烏有可惜數年著作皆在篋中付之水火矣府君遂歸中道過大兒同入粵東過羊城省

曹素臣蓋素臣以舟送府君入梧不及進省城而家以是破擄今甫贖回也袁特丘復入平南幕聞府君至出唔自言無面目相見但狂醉而已遂出嶺至南安附舟至吉安舟阻更舟至樟樹鎮行資已盡念閩中昔有所寄乃改陸趁許灣逆流入閩至閩則所寄悉已羽化乃留寓邵武寶蓮菴菴僧岑伯吾鄉人也又問西亦會任浮山者同住數月兄遂受戒于問西欲出家府君不可挾以回過壽昌偕竺菴中興祖庭相見談甚洽府君已僧服矣因勸府君往廬山作宇萬松坪爲主人府君曰須送兒歸葬妻畢始果此願

臘盡抵江干府君不欲歸望見家山指路遣役送歸候得報即附便舟東下移安人旅櫬回葬耳大兒抵家則櫬已爲諸伯殳移回而大嫂故在母家守大兒回舉家甚歡急遣輿迓回是時四伯若士先一年歿候於門者二伯湘之三伯幼安白髮顚頿猶著古衣冠也相持大哭爲到家詩十二首以紀之

壬辰年四十一歲正月大兒入贅方氏仲春迎回以家付之府君遂下蕪湖訪諸故人爲行脚詩蕪湖故人梓以傳五月回是年大旱其秋有杭州人見訪不道名姓府君見之訝曰君何與姚黙仙神情酷似其人

急起拜乃默仙子姚子誠也因哭曰先君蒙公與方密之葬敬來叩謝子誠與金道隱起兵鄖寵屢有戰獲封仁武伯事敗其尊人默仙逃諸閩又至粵與道隱不合乞府君薦諸密之密之方在平西山講岐黃之術默仙素精此道得之甚喜未幾默仙卒密之葬之爲樹碑列府君兩人名子誠知之故來謝

癸巳年四十二歲初秋下蕪湖遇湖南人得同年李我貽信邁揚州舊銓部李公書生也爲人所紿談兵如指諸掌府君策其必敗又有汪碩德者僭裴自稱台石大師本朝官爵位極人臣到蕪送劄派餉蕪湖流

寓徽寧舊道余鵾翔信之從風而靡者數十人府君語崑鋼諸子此妄男子也所言無一實我固知其腳跟君愼勿誤入其彀其門下人厲刃欲剚府君府君遂歸九月難作捕殺甚衆崑鋼亦被逮以蹤跡疎幸免府君在秋浦聞信遍捕餘黨已有騎過江捕者疑台石怪予必見誣害此公竟慷慨就死一人不連而鵾翔諸君子竟同死焉

甲午年四十三歲正月方密之回從白鹿一晤卽别主人不留亦因撫院請入城意不測也彭君自蓉梧移信陽回里府君入邑謝之重過龍眠左氏山居是時

左子忠已出仕而子直子厚稱高尚士碩人白武康解組歸亦閉門不出矣夏生冢孫景關中杜杜若相邀到樅市問其同鄉石映崑客死事據實以告其秋復至蕪湖賀崑銅再生和其再晬詩九月到白門晤無可於竹關是時窗迖已得法於天界改字無可闕步雨花臺過姚仁武邀與同寓數日府君遂歸而三伯幼安正當彌留望府君一面未數日歿是冬葬方安人於祖塋側併葬大伯于曾祖塋三伯與四伯亦合葬于祖塋右皆同日舉行以世難方殷上流警報狎至也

乙未年四十四歲在麥園授諸子及二何生經何生公度子皆穎慧盡變其舊習皆成名士是冬無可奔中丞喪出關成禮葬畢廬墓邀府君往詮易經

丙申年四十五歲春過合明山無可墓廬其尊公有周易時論無可欲為訂正府君因遍閱其藏本擇其要言錄成一帙時論中引據多本諸此而祖父所詮見易及府君閩中所著火傳亦因以更進一籌夏五月邑令石仲昭遣人相迓至城仲昭為瞋崑兒瞋崑子來問其父客死處府君指示之亦竟不往但遣役一訪土人不敢承役回報以不知所在而已姚經三戴

山民孫喈公在夏子諸子留說易其秋復至白門寓
松風閣攜一小僮爲王八子誘之逃去留閣上倏張
瑶星先之始至冬盡獨返新安余大徵相訂次年夏
盡至白門以兩子受業關書定俸百金九月次孫成
生
丁酉年四十六歲六月附舟東下其冬度歲長干寺携
祿以九月生
戊戌年四十七歲過元日即附舟回里未幾府君遂挈
子母子以下買宅馴象門野趣蕭然又與老友胡星
卿比鄰晨夕過從甚樂也

己亥年四十八歲覺浪和尚自杭州回天界此後凡有
以易傳呈和尚者皆令送府君看取曰渠是作家計
著作爲府君爲朗誦自是晨夕往還六月海艘上城
內外戒嚴乃上牛首

庚子年四十九歲元旦後一日顧與治邀同沈仲連曾
青藜陳伯璣揚商賢梅杓司方爾止讌集初四日郎
掛帆歸隨入城留龍眠數月夏大水冬初構田間數
椽未就

辛丑年五十歲將爲天柱司空之遊以避里人稱壽秋
田間草堂成冬二伯病歿

壬寅年五十一歲從弟奏公爲族督族人分派已久各自爲祠奏公獨本支祠基爲公祠而本支亦各不同心乃修五世祖下支譜攷訂淆訛條貫井然夏五月蔣氏子事發初蔣氏子以丁酉冬到予家次年春府君歸而見其眉宇猛鷙同伴皆非馴良遂令賃居樅陽其人喜結納與輕俠兒來往非時酒後酣歌鬬技勇說江湖豪傑事從之者益多及是吳越間大捜伏戎向所往來者多被獲蔣氏慮禍且至即欲一夕遁去府君不可曰若如此則地方益駭且待之已而獲者死無一言相及事遂罷而蔣氏疑府君意不良遂

大恨乃盡賣所有不告而去而大兄異日之死於盜
皆其結納之流也八月入城同人爲刻田間集刻成
要府君選同社詩是時有同聲瑟玉敢古三社府君
懲向時社事之分爭以起禍也乃曰社不合詩不可
選而中有小人不樂於合乃多縱蜚語於三社曰錢
某爲政某被收某被削矣又有小人陰使人挑之遂
大譟會吳下明史難作姚龍垣急持其報以示府君
曰文字禍烈至此曷已此舉以俟異日再圖之府君
始得辭而歸有龍眠感懷十二首

癸卯年五十二歲春假館石屋寺讀素問刪定傷寒八

法諸書夏大水秋方繡山邀遊匡廬到萬松坪兩留三日不得上五老峰遂下至玉川門看上三疊泉而返已至南昌晤黎博菴陳士業過泉州何紫屏老友也相期白門再聚蓋其姪正宰句容紫屏將度歲其署中冬十月歸水猶未落也

甲辰年五十三歲燈節後至白門候紫屏未至晤周易菴於長干寺始知辛丑之事海氛靖後有冒海上將以投誠者孔和尙授總兵虛銜借名騙害士大夫無所不至婺源李生郎丁酉從在長干盜金者也曾過予家見蔣氏子淡相結納蔣贈以金因疑其有厚積

至是以獻策孔以府君爲地主移文桐城縣屬府君
名下取焉既差官登舟其官與匆菴素交金壇于某
也來辭行匆菴曰何往具告以故匆菴大驚因曰子
知錢某是誰郎子所向欲執贄於門下之西頑先生
也且已爲都門要人約入都矣昨過此甫别子以此
囘孔君可乎于亦大驚言於孔遂止當是時非匆菴
禍幾不測猶記左頑人語府君曰子昔壬辰冬有大
難倖免子知之乎皖撫李公一夕發牌到府稱湖南
遣船迓君仰府後協同差官前來府已差定簽押矣
忽調前牌囘毀之云妄聽也此府吏親向予言者贊

君家神臣也兩事非常奇禍府君皆從夢中過幸矣
幸矣頃之趙月潭來傳家牧齋甚相推許遂往虞山
而紫屏至言牧齋已易簀矣因相約爲黄山白岳之
遊天暑不能遊遂至新安因晤沙縣鄧司權勸入閩
言閩中士人皆尚見念也紫屏亦欲結伴以行由祁
門下饒州再過南昌而士業已即世矣于李梅公座
上晤九江文燈巖各致企慕之私爲府君序廬山草
而别秋冬入閩夜過壽昌寺哭其天禪師遂由邵武
下延平紫屏别府君留廣文陳昌箕學署者數日上
建寧王連叅軍寓中連俠士也痛飲數日司李姚經

三復下省直季同返延平謁延平司理慕廬贈以詩

篇初見意甚冷既見詩察府君私印有原名某乃重

見顧謝曰不知即先生也制藝爲吾兄弟誦服久矣

遂訂交日相唱和度歲

乙巳年五十四歲到順昌沙縣沙令傅君登瀛關東人

甚見禮遊北鄉寨士民爇炷香以迎已至永安龔怡

澧州人亦以重客見待自云與府君似有夙因每開

府君至郎公事皆罷臘月始返建寧大病作遺囑託

同寓吳延牧料理後事

丙午年五十五歲冬節後病漸愈欲歸姚經三留修建

寧府誌是時建寧守缺郡丞程姜若署事爲主人舊誌頗佳續修者少冗襍職官類如郭青螺李彭山兩司李皆不入名宦傳當事請補之府君曰當更爲兩先生傳不列諸名宦中以見名宦傳之難取信也閩中最重者儒戶朱黃眞蔡十數先賢之後優免甚厚而有他郡寓籍亦因其姓請編入儒戶府君不可則請諸道將發下編入府君曰若狥上情則誌非信史經三私以謂府君府君曰既以史權屬我安得復撓我哉由是道將及郡人多不悅府君寧抗當事之指得罪於數人不敢紊先賢之裔得罪於十數夫子也

會新守至程郡丞入覲守固貲道無文又以人言不
肯繼放其事誌成亦不梓府君以是冬娶歐寧徐母
丁未年五十六歲夏建寧誌成送府府轉送司李姚經
三攜回今猶藏其家府君亦以是冬攜家返里居田
間田間本讀書所曠無牆垣妒者又造蜚語後言閩
中之遊裝甚壯以啓盜心
戊申年五十七歲六月間生一妹秋府君渡江遊石埭
出門時謂大兄曰過秋宜移入大宅兄曰若移則人
果疑室內多藏矣田間門側有小書室大兄乃自移
榻其中以護門戶盜至破扉而入兄罵之縛兄進內

室搜財無所得遂殺大兄府君闔難奔回控縣縣令胡必選諱盜囑親吏趙子元以齋醮爲名行賂免報府君不可與令忤初盜未發門内有與兄口辨者云我能殺汝又私向老母問府君所藏母不應未數日而有此難及捕役下鄉緝獲數人其家恐事且株連乃造蜚語誣讟死者以不死于書室而死於内室也爲辭捕役得之以聞於令而陰以教盜具如蜚語則免令大喜於是盡釋盜不問而專問死者之罪破棺驗傷慘毒倍至當是時門内人盡知其本末府君身老諸孫稺弱慮其復肆害也吞聲飲泣是冬往來郡

邑度歲皖中交游有氣力者未有以一語相助也傷
哉有傷心詩二十首
己酉年五十八歲邑果以蜚語讒　詳上督撫
臬皆知是盜也藏駁下郡守趙有清望其親信吏王
洪甫竊權要賄守遂主調停之說私謂府君子已死
非令殺何必以此害令府君曰子仇不可不報盜不
可不獲至於誣衊之語明係搪塞盜既殺人其語何
所不至豈有令不究盜而反據盜語以問失主罪者
乎守亦語塞府君知郡縣一氣乃走省下控督而有
言六兄孝章之奴在其中者孝章慮禍之及已亦東

下相隨令知府君在省遣其吏趙某以他事過府君要府君同而諸姪在家者亦亟止府君控控則累及孝章府君不得已遂止以五月返郡令既無所畏於上乃以六千金賄佟國禎守為居間臬與守向持正論令悉反其詞庇令以緩盜矣諸姪皆不諳訟事聽信衙役愚弄府君既東去介公不肯報詞到臬誘嚇九歲小奴干壽隨捕役赴審教以對　以致母氏出官則　不能無過焉審時府君急辦國禎辭竊震怒亦不能加害府君既欲報予仇又防姪禍苦矣所獲盜既縱其二矣有二盜自招劫殺不能復縱乃斃之

獄中以滅口孝章奴其一也未幾守夢冥官以筆點其舌舌腫二日而死皖中皆言其翻舌之報守死後王洪甫贓私大敗卒被收考窮困以死絕嗣盜死者三人惟盜魁未獲則門內人夢非奴也

庚戌年五十九歲貧力疲竭不能仰寬胥吏輩請作疑獄放府君歸而魏子存適爲湖廣學道以書見招府君遂舍之而去而督駁之不已稱貸以重賄之乃止

辛亥年六十歲買市宅於承利寺巷口宅甚敝改建爲北山樓也又贖西田莊十畝四月附舟東下弔子存于廬居別武塘二十七年矣哭仲馭墓育文過南園

感懷四首老友存者爾斐仲芳亭彥交讓數人耳寓慈雲寺東房臥病有詩百首子存梓之九月歸坐北山樓不下者數月田間易學以成仲冬曾孫德施生

壬子年六十一歲將北上以四月至武塘寓子存涉園子存與同入松江哭徐復菴感念陳臥子夏瑗公諸君子與家蒸翰期先後發既返子存爲措路費府君遂行過嘉興曹秋岳邀閱天末事以信其傳聞過蘇州別姜如農父子晤魏凝叔諫其文宜慎重不宜輕爲人作誌傳取道江陰謁龔令雲石舊永安令也雲石留修江陰誌府君以乙酉秋江陰死難者忠節宜

紀紀則犯當時之諱不紀則無以慰忠魂力辭而去

到揚州從王家營取道泰安州望泰山不得上悵然

賦詩以冬初抵都門寓增壽寺老友則王敬哉爻子

嚴灝亭也隨投宗伯龔孝升并其幕中紀伯紫徐方

虎刺孝升夜讀府君詩喜曰安得此君來相唱和乎

伯紫曰來矣昨有刺投我豈有不投公者乎必門上

不傳也急查之門簿不登而刺故在蕊白夢龑阻之

也歎曰後公子伯通忽過寓寺傳宗伯意請至榻前

夢龑大驚府君知其將來必肆謗也酒間假諧謔而

斥其短蕊用温太眞制錢鳳法也自此謗遂不行是

年府君度歲增壽寺交遊應酬頗不寂貴游嘗拒孫
北海承澤託嚴顥亭致意一見如舊錄易學藏諸家
新人則徐氏昆仲周伯衡周致魏環溪意府君以其
要津又非素交終不往此外如葉子吉黃伯和董方
南徑蕉鹿朱鶴門布衣則陸翼王朱錫鬯嚴蓀友孫
豹人老友顧寧人時與聚首留京師年餘擯去李漁
漁隱宗伯致屏屏皆闡秀詩府君以大義責之卽斥
去仍勸宗伯乞休飢讒遯卦三爻為係遯有疾憊畜
臣妾則吉此固欲遯者係焉為臣妾係也臣妾豈樂
王人之遯哉係也若於已則疾憊於臣妾則吉公之

事豈不猶是乎公起曰是也君爲我起草草畢繕寫
以上次日賫奏者至銀臺官已去不得上而返次日
謂府君曰兒子伯通頃言乞休旨早下則索負者午
集門矣且何以東裝府君曰公通籍四十年宦京師
二十年位至上卿貧不能東裝叫負者闌路此千古
佳話也公首肯曰是也乃諭賫本者必達毋再返本
遂上未旬日宗伯死白竟出遊去不俟送宗伯喪出
城也是時伯紫亦先回都人亦以此短之其送喪出
城布衣張愚山及府君兩人而已
按田間先生八十二乃終今搜求抄存年譜遂乃

止此殊形缺點其可考者田間詩集分年編次所
至輙紀亦實錄也先生好遠遊庚甲方周留京兩
載自將厥後且往來於齊豫蘇杭江漢到處作寓
公而於吳下雲間諸君子若有夙因歲或一再至
徐氏花谿草堂尤先生假館處也生平著述强半
商訂於此康熙丁卯崑山徐公健菴罷司寇諭令
編纂禮聘先生北來襄助年已七十有六惟慮其
不果首途而先生一如少壯翩赴都門至則出所
著書徧遺曹好爭爲助貲授梓老至欲傳意蓋有
所託焉廻翔帝京載更寒暑返於桐計在己巳庚

午間不數年而道山歸去後人述之未若先生之自述散見篇什益足取信將來遺書具在數典難忘年譜其見端耳宣統二年秋末從八世孫品三秩孚氏謹識于振風學社

整理後記

錢澄之（1612—1693），字飲光，又名田間，樅陽石磯麥園人。先生爲明末清初杰出的文學家、思想家和愛國詩人，安徽歷史文化名人。先生『詩歌古文滿天下』，尤以詩記史見長，其涉事之廣，紀人之衆，篇幅之巨，場面之宏大，在中國詩歌史上都不多見，堪稱中國詩壇『詩史』大家。

先生年譜，事載近三百年人物年譜知見録和中國歷代人物年譜考録。前六十一年年譜爲先生少子撝祿所撰，名曰錢公飲光府君年譜，起之萬曆壬子（1612），止康熙壬子（1672），後未見續本。

現今存世的先生年譜至少有三個版本。最早的一個版本應是北京圖書館藏國粹學報第七十五期至七十九期刊登的桐城蕭穆（1835—1904）的抄校本，題名先公田間府君年譜。二是宣統二年（1910）田間先生從八世孫錢品三，於振風學社刊印的錢公飲光府君年譜。三是2006年黄山書社出版的所知録中的錢公飲光府君年譜，以振風版校出。然三本對照，同爲錢撝禄所撰錢公飲光府君年譜無疑。然相比之下，數蕭抄本較好，其題曰：

先公田間府君年譜。

蕭抄本先公田間府君年譜，加注1381字，年譜之末有後記409字。

蕭抄本年譜與所知録本年譜相異148字，前者多75字，標點有異者達兩百余處。本次編校，除糾正蕭抄本若干個錯字外，其余一依抄校本之文斷句、加標點符號印出，年譜中小號字爲蕭穆原注。

先生年譜前六十一年（撝禄撰），撰于何年，現難準確考定。是譜于先生六十年出處及時事頗爲委曲詳盡。或于某年，撝禄在先生授意之下，『蓋趨庭之余』，多得之先生口授；或先生少時曾有日記，足備采録也。暇時當參考諸集，綜其癸丑以後事迹，于年譜有關爲附録一卷以著之。』（蕭穆語）然其後未見著本，『讀是記似蕭氏僅補輯譜主事略如此，綜爲附録則尚待有暇，仍屬擬議。（米新夏語）繼因晚年年老體衰，繼之病逝而不及補著，是爲遺憾。

關于年譜，田間先生在生還集自序中說：該集寫于國難之際，『其間遭遇之坎坷，行役之崎嶇，以至山川之勝概，風俗之殊態，天時人事之變移，一覽可見。披斯集者，以作予年譜可也。詩史云乎哉！』湯華泉教授在藏山閣集整理說明中說：『作者雖以譏詞出之，實際十四卷詩存正起到年譜和史詩的作用。』至于撝祿所撰錢公飲光府君年譜爲何止于先生六十一歲而未撰成全譜，依據先生田间詩集并藏山閣集中書信分析，我以爲有以下原因：

一、撝祿生順治丁酉（1657），卒康熙癸巳（1713），年五十七歲。二十八歲（1685年，時其父七十四歲）前，讀書爲應試，無暇撰著年譜。『俟小兒應試竣，侍行有人，方得首途。』（與李屺瞻書），且要幫助父親抄謄莊屈合詁諸書，以付受梓。而又因『小兒久病，無人脱稿。』（與扶升侄書），抄謄書事，一再耽擱。據此可以推定，撝祿撰寫錢公飲光府君年譜時間當在1685年後，而非于前。

二、1686年，先生七十五歲，居家未出游，是年應是撝祿病愈，幫助父親抄謄好莊屈合詁書稿，亦于同年開始在父親的口授指導下，編撰錢公飲光府君年譜于六十一歲。想擬後續，奈因後来情勢急轉直下，後續年譜事便一擱未見續期，這是先生與撝祿始未料及的。

因生活所迫，1687年春，田間先生又不得不離家出游，且在兗州度歲。先生在與姜奉世書中說到當年家庭生計所面臨的困境：『久客吴門，承世兄朝夕過從，忘其羈旅，通家古道，近代所無。……僕到家便病，有田數畝，早旱晚蟲，年歲顆粒不收，待哺四十余口，升合零糴，舊冬竟無以度歲。舍侄孫葳邑，亦同此苦也。又負人之物，半以田抵，田既不收，又須買稻賠租，歸贖寧有期乎？以此追呼交謫之聲，且根如沸，衹日增其病，令老態亦具見矣。』在此情形之下，先生年譜擱筆未續的原因已經略見一端了。

三、自此以後，先生同樣迫于生計和爲著述付梓事，于1688年至

1690年再度出游，于七十九歲（1690）秋季回歸江村。這些年家裏農事及三四十口人的生活除賴父親爭得一點外助外，攜祿于家庭生計也已疲于奔命，直至先生八十高齡以後，生活日益困苦，卧病在床，無錢治病，更不可能有暇再續年譜之事了。

四、1693年9月，先生以八十二歲高齡不幸去世，這對其家族來説無疑是個巨大的打擊。在往後的二十年中，攜祿家族中子侄、孫輩至大至老，婚喪嫁娶，已經十分的無奈與艱辛，且攜祿晚年體弱多病，未老先衰，只活了五十七歲。由此也可以看出當時社會黑暗，人民羣衆不堪生存的境況。同時亦告訴我們，田間年譜終止于前六十一歲而未續，其主要原因是特殊惡劣的社會生存環境所至。

爲補田間先生年譜不全之憾事，我于2008年春依據先生晚年詩集與書信，編撰出田間先生後二十一年年譜初稿，5月以『田間後裔』筆名，首次將先生年譜之八十二年全譜在樅陽網上刊載，先後點擊閱讀者已達四千余人。後請錢澄之傳作者錢王剛先生審閱刪訂，2012年11月參閱蘇州大學楊年豐博士撰錢澄之年譜簡編再作部分調整。

對本書的如期出版，我要特别感謝安徽師範大學出版社！感謝陳靖先生的熱情推薦！尤对董丹陽、張德寶等爲本書出版所付出的辛勤勞動，在此深致謝意！

本書附録余撰先公田間府君年譜續編（後二十一年），及宣統二季印行的錢公飲光府君年譜，以供參閲。

書中訛略，在所難免，敬請方家多加指正。

錢奕珠

2017年6月於樅陽